U0082070

雪謙文化

如意寶

上師相應法

The Wish-Fulfilling Jewel

作者：**頂果欽哲法王** Dilgo Khyentse Rinpoche

總召集：**賴聲川**　審定：**蓮師中文翻譯小組**　譯者：**丁乃竺**

中文版序：修行之根本法

—— 雪謙‧冉江仁波切（Shechen Rabjam Rinpoche）

很高興台灣雪謙出版社終於出版《如意寶》的中文版本！一九八五年 頂果欽哲法王在尼泊爾雪謙寺，傳授吉美林巴龍欽寧體前行中的「上師相應法」，並給予詳細解說。

正如 欽哲仁波切在書中所解釋，這本書談的是修行中最根本而珍貴的上師相應法；上師相應的意思就是「與上師的本性相融」，在上師相應法的修行中，我們將學習方法來讓自己的心意與上師的覺醒心相融合。

這本關於上師相應法的開示，由 頂果欽哲仁波切命名為「如意寶」，我衷心祈請及期望，它的出版能利益許多東西方的朋友，最終能帶領一切有情眾生，到達上師全然覺醒的境界。

最後，我誠摯地感謝丁乃竺努力花時間把英譯本翻成中文，同時要衷心感謝台灣雪謙中心的秘書長張美雲小姐，因為她的辛勤及努力，才能讓這本書及之前的其他中文譯本在台灣及亞太地區出版。

雪謙‧冉江仁波切

2006年3月21日

目錄

法王法相

作者簡介：頂果欽哲法王略傳

頂果欽哲法王是文殊菩薩化身蔣揚欽哲旺波身、語、意、功德、事業五種化身中「意」的化身，是最後一代在西藏完成教育與訓練的偉大上師，是古老的寧瑪巴傳承的主要上師，也是實修傳承的傑出持有者。在他一生中，曾閉關二十二年，證得了許多受持法教的成就。

他寫下了許多詩篇、禪修書籍和論釋，更是一位伏藏師——蓮師埋藏之甚深法教「伏藏」的取寶者。他不僅是大圓滿的指導上師之一，也是數百種重要傳承的持有者。在他那個世代中，他是利美運動（不分教派運動）的傑出表率——以能依循每一教派本身的傳承來傳法而聞名。事實上，在當代的上師中，只有少數不曾接受過他的法教；大多數的上師，包括至尊達賴喇嘛，都敬他爲根本上師之一。

集學者、聖哲、詩人和上師之師於一身，仁波切以他的寬容大度、簡樸、威儀和幽默，從未停歇對緣遇人們的啓迪。

頂果欽哲仁波切於一九一○年出生在東藏的丹柯河谷（Denkhok Valley），其家族是西元九世紀赤松德贊王的嫡系，父親是德格王的大臣。當他還在母親腹中時，即被著名

的米滂仁波切指認為特殊的轉世；後來，米滂仁波切將他取名為札西‧帕久（Tashi Paljor），並贈予特殊加持和文殊菩薩灌頂。

仁波切幼年時便表現出獻身宗教生活的強烈願望，但他的父親另有打算。由於他的兩兄長已離家投入僧侶生涯，一位被認為上師的轉世，另一位想成為醫師，仁波切的父親希望最小的兒子能繼承父業，因此當仁波切被幾位博學大師指認為上師轉世時，他的父親無法接受他也是祖古（Tulku——上師轉世）的事實。

十歲那年，這個小男孩因嚴重燙傷而病倒，臥床幾達一年；多聞的上師們都建議，除非他開始修行，否則將不久於人世。在眾人懇求之下，父親終於同意他可以依照自己的期盼和願望來履行使命。

十一歲時，仁波切進入東藏康區的雪謙寺（Shechen Monastery），這是寧瑪派六大主寺之一。在那裡，他們的根本上師，米滂仁波切的法嗣雪謙‧嘉察（Shechen Gyaltsap），正式認證他為第一世欽哲仁波切——蔣揚‧欽哲‧旺波的意化身，並為他舉行坐床典禮。蔣揚‧欽哲‧旺波（1820-1892）是一位舉世無雙的上師，與第一世蔣貢‧康楚共同倡導西藏的佛教文藝復興運動，所有當今的西藏大師都從這個運動中得到啟發與加持。

　　「欽哲」意即智慧與慈悲。欽哲傳承的轉世上師，是藏傳佛教發展史上的幾位關鍵人物，其中包括赤松德貞王、九世紀與蓮師一起將密法傳入西藏的無垢友尊者（Vimalamitra）、密勒日巴尊者弟子暨噶舉派祖師岡波巴大師（Gampopa），以及十八世紀取出「龍欽心髓」（Longchen Nyingthing）的吉美・林巴尊者等等。

　　在雪謙寺時，仁波切有很多時間住在寺廟上方的關房，跟隨其根本上師學習與修行，在這段期間內，雪謙・嘉察授予他所有寧瑪派的主要灌頂和法教。仁波切也向其他許多大師學習，包括巴楚仁波切著名的弟子——卓千・堪布・賢噶。堪布・賢噶將自己的重要著作《十三部大論》（*Thirteen Great Commentaries*）傳給他。他總共從超過五十位上師處得到廣泛的法教與傳法。

　　雪謙・嘉察圓寂前，欽哲仁波切向他敬愛的上師許諾：他將無私地教導任何請法之人。此後，從十五歲到二十八歲間，他大多數的時間都在閉關，住在偏遠的關房和山洞裡，有時只住在離出生地丹柯河谷不遠處，山區裡突出山岩的茅棚中。

　　頂果欽哲仁波切後來伴隨宗薩・欽哲・卻吉・羅卓（Dzongsar Khyentse Chokyi Lodro，1896-1959）多年，他也是第一世欽哲的轉世之一。從卻吉・羅卓處接受了「大寶

伏藏」（Rinnchen Terdzo）的許多灌頂之後，仁波切表示他想將餘生用於閉關獨修，但卻吉‧羅卓回答「這是你將所領受的無數珍貴法教傳下，及授予他人的時候了」；從此，仁波切便孜孜不倦地為利益眾生而努力不懈，成為欽哲傳承的標竿。

離開西藏後，欽哲仁波切遍歷喜瑪拉雅山區、印度、東南亞及西方各地，為眾多弟子傳授、講解佛法，多半由妻子桑雲‧拉媄（Sangyun Lhamo）和孫子暨法嗣的雪謙‧冉江仁波切（Shechen Rabjam Rinpoche）隨侍在旁。

不論身處何地，仁波切總是在黎明前起床，祈請、禪修數小時後，再開始一連串活動，直到深夜。他能夠安祥自在地完成一整天的沈重工作，無論他做什麼——他可以同時處理幾件不同的工作——似乎都與他自然流露的見、修、行一致。他的弘法與生活方式已和諧地融為一體，渾然融入修行道上的各個階段，他也廣修供養，一生中總共供了一百萬盞酥油燈。所到之處，他資助許多修行者和有需要的人們，其謹嚴的態度，只有極少數的人知道他的善行。

仁波切認為在聖地建塔興寺有助於防止戰爭、疾病與饑荒，並能促進世界和平，提升佛教的價值與修行。在不丹、西藏、印度及尼泊爾，他不屈不撓地啓建或重修了許多佛塔與寺院。在不丹，他依照先前為國家和平所作的預言，建

造了數座寺院供奉蓮師，並蓋了一些大佛塔。漸漸地，他成為全不丹人，上至皇室下至平民最尊敬的上師之一。仁波切重返西藏三次，重建並為毀於文革時期的雪謙寺開光，且以各種方式捐助修復了兩百間以上的西藏寺院，尤其是桑耶寺（Samye）、敏珠林寺（Mindroling）和雪謙寺。在印度，他也在佛陀成道的菩提樹所在地（菩提迦耶）建了一座新塔，並計畫在北印度其他七處和佛陀有關的偉大聖地建塔。

在尼泊爾，他把豐富的雪謙傳統搬入新家──位於波納斯大佛塔（Stupa of Bodhnath）前的一座宏偉寺院，此寺成為他的主要駐錫地，可容納住持冉江仁波切所領導的眾多比丘。欽哲仁波切有一個特別的願望，希望這座寺院能成為以原有純淨傳承來延續佛法的道場，如同他們先前在西藏所學習、修行般，他也投注相當大的心力教育傑出的年輕上師，使其能擔負延續傳統之大任。

西藏的佛書與圖書館歷經大規模的破壞之後，很多著作都只剩下一、二個副本，仁波切花了多年時間，盡可能印行西藏佛法的特殊遺產，總共印製了三百函，包括蔣貢‧康楚的《五寶藏論》（Five Treasures of Jamyang Kongtrul）。直到晚年，仁波切都還在尋訪他尚未得到的傳承，並傳授弟子他所持有的傳承。終其一生，在數不盡的法教中，他曾傳授兩次一百零八函的大藏經（Kangyur），以及五次六十三

函的大寶伏藏（Rinnchen Terdzo）。

　　他在一九七五年首度造訪西方，此後又造訪多次，包括三趟北美之行，並在許多國家傳法，尤其是在他歐洲的駐錫地，位於法國多荷多的雪謙‧滇尼‧達吉林（Shechen Tennyi Dargyeling）。在那裡，來自世界各地的弟子都從他身上獲得了廣泛的法教，有幾批弟子也在他的指導下開始傳統的三年閉關修行。

　　透過他廣大的佛行事業，欽哲仁波切不吝地奉獻全部生命於維續、弘揚佛法，讓他最感欣慰的事，就是看到人們實修佛法，生活因發起菩提心和悲心而轉化。

　　即使在生命的最終幾年，欽哲仁波切非凡的精神與活力也甚少受到年歲的影響，但在一九九一年初於菩提迦耶弘法時，他開始示顯生病的初步徵兆。然後，在結束所有教學課程後，他仍繼續前往達蘭莎拉（Dharamsala），順利地以一個月的時間，將一系列重要的寧瑪派灌頂和法教傳給至尊達賴喇嘛，圓滿後者多年的祈請。

　　回到尼泊爾後，正值春季，他的健康持續惡化，許多時間都花在默默祈請與禪修中，每天只保留幾小時會見需要見他的人；後來，他決定前往不丹，在蓮師加持的重要聖地「虎穴」（Paro Taktsang）對面閉關三個半月。

　　閉關結束後，仁波切探視幾位正在閉關的弟子，開示超

越生死、超越任何肉身化現的究竟上師之意。不久後，他再度示現病兆，於一九九一年九月二十七日夜幕低垂時，他要侍者幫助他坐直；次日凌晨，他在風息停止，心識融入究竟空性之中圓寂。

導言

　　本書中所闡述的「上師相應法」，是法教中最基本、最珍貴的修行。上師相應法，字面上的意思就是「與上師本性相融」，在這個修行中，我們學習到讓自己的心和上師的覺醒心融合在一起的方法。

　　三世諸佛（過去、現在與未來諸佛）每一位都是需要依賴心靈上師，才能達到覺醒的境界。依賴上師的要點，就是永不停止的虔誠心；而生起虔誠心，並持續不動搖的最有效方法，正是上師相應法。透過這種修行，我們能夠深深地生起對上師的虔誠心，漸漸地，這種虔誠心會遍滿我們身心。這會保護我們，讓我們在修行上免除障礙，也會確保我們修行上的進步；所以說，不論我們是在修道上的哪一個階段，最重要的就是對老師的虔誠心。為此，「上師相應法」被視為一切修行中最關鍵及最必要的，也是達到覺醒最快速、最確定的方法。

　　為什麼讓自己的心和上師的心合而為一是這麼關鍵的修行？在開始，上師在我們面前的樣子可能是非常的平凡，他的行為看起來也可能是很一般，但是他的心與佛心是無二無別的，上師的功德與全然覺醒者之功德是沒有任何差別的。

　　事實上，上師和諸佛之間唯一的差別，就是上師的慈
愛超越過去所有覺醒者。舉例說，釋迦牟尼佛於兩千多年前
就已經離開這個世界，而其他的佛，好比阿彌陀佛和金剛薩
埵，住留在自己的淨土中；他們是全然覺醒的佛，但是因為
我們的心染上了一層厚厚的障蔽，我們既無法與他們面對
面，也無法親自聆聽到他們的開示；然而此時，我們的上師
來到世上，我們遇見了他，並從上師處得到珍貴的指示，讓
我們能夠從六道輪迴（註1）的泥濘中走向覺醒。所以說，雖然
上師的功德和諸佛相同，但他的慈愛超過諸佛。

　　我們所詮釋及引用的法本是屬於「龍欽寧體」的傳承，
也就是偉大的伏藏者（註2）吉美林巴（註3）所尋獲的甚深廣大
法教。吉美林巴的名字意思是「無懼持明者」，他的別名是
「欽哲俄塞」，也就是「悲智明光」的意思，這個名字是他
在淨見中得到的；而龍欽寧體的意思就是「廣大的心要」。

　　此刻，我們應當說明龍欽寧體的起源，如此可以增加我
們對這些法教真實性的信心。根據吉美林巴自己所敘述，這
些法教是這麼來的：

　　因著我無數世的虔誠祈請，願永不脫離烏金法王（註4）及
其佛母，空行母耶喜措嘉（註5）之慈悲與加持，我得以了解到
遍滿六道輪迴之苦，心中湧現極大的悲傷，及脫離六道輪迴
之願望。我來到鐵裘林聖山（註6），準備做三年的閉關，一心

努力修行。

　　有一天，黎明時刻，當我正在唸頌文武百尊^{（註7）}的時候，心中湧現了強大的出離心，以及對六道輪迴的厭倦。在那一刻，我的周圍突然充滿偉大明光，烏金法王在我面前的虛空中顯現，他的周圍環繞著許多聖眾，包括持明者文殊友^{（註8）}。經過一段時間後，他們融入了我，我心中所有凡夫的念頭全化為無，所有對禪定經驗的執著痕跡也頓時消失，所有業力全在我的掌控之下，現象外在的虛偽堡壘頓時間瓦解。此生的凡夫覺受完全從我心中消逝了，就像獲得一種新的生命，來到一種境地，我完全記得自己曾經是阿里班禪貝瑪王傑^{（註9）}。

　　不久之後，我夢到自己在一個不熟識的地方，那是一個被視為「諸願任運成就」的淨土。我在那裏看到忿怒蓮師^{（註10）}騎著一條龍，站著、動著、威武而非實質，像是由彩虹光組成的一樣。有一位出家人，我認為他是大護法多傑列巴^{（註11）}，他說：「下列經文所指之本尊^{（註12）}就是這一位，烏金和本尊無二無別；毫無疑問，兒子將得到父親的寶藏。」說完話，他就消失了。

　　接著幾天之後，在火牛年（1757）十月二十五日夜晚，我心中對偉大上師蓮花生大士生起強烈的虔誠心，令我眼眶充滿淚水。遠久以前的回憶閃過心中，我滿懷悲傷，心想：

「這塊紅面人的土地上，人們身陷於貪瞋癡的泥濘之中，所做的都是最凶狠的行為；法教只剩下淡淡的影子，而我自己像是荒野中的棄嬰。慈悲的保護者，超越諸佛，您已經遠離此地到了銅色山^(註13)，我是否永遠無法再見到您？」

我滿懷悲傷而痛哭，就在那時，周圍的空中充滿著光，突然之間，在我面前出現一隻美麗的白色母獅子，我坐到她背上，我們就躍入天空無限廣闊之中；不久之後，我們到達尼泊爾的偉大舍利塔^(註14)。在舍利塔的東方，站立著法身智慧空行母^(註15)，她遞給我一個扁木盒，上有封印，對我說：

> 對有淨見的人而言，
> 你是吉松德真王^(註16)；
> 對於見地不淨的人，
> 你是穿著棉衣的獅子瑜伽士。
> 在此送上原始佛^(註17)的心意寶藏，
> 蓮華持明無限心意的象徵，
> 空行母的偉大祕密寶藏。

說完，她便消失，留下發抖的我。接著，我心中充滿著大樂，打開了木盒，裡面有五個由黃色的紙料所成的卷軸，還有七顆和豆子一樣大的小水晶。當我展開最大的卷軸，空

中充滿著無法形容的香味，都是藥草和樟腦的味道，我全身
因此而顫抖，我心中清楚地出現一句無造作的話：「雅火拉
[註18] 是這個寶藏的護法，這是非常強勁而有力量的，必須
謹慎對待！」我心中充滿著敬意和畏懼，慢慢打開了卷軸，
上面畫著一個舍利塔，舍利塔上面遍滿了空行母的文字，似
乎超越人類可理解的範圍。我一時無法明白它的意義，於是
開始把它捲回去；這時，突然，像幻覺一般，舍利塔消失，
空行母文字消失，重新組合成為藏文。這是一份關於偉大觀
世音 [註19] 的經文，整個法本清楚地現起，就像是鏡子中的
影像一樣；經過一段時間後，它開始難以辨認，越來越不清
楚……

　　在這次淨相，以及其他淨相之中，吉美林巴打開了其他
的卷軸，而最後，在一位空行母的指示之下，將剩下的卷軸
吞下，他經驗了大樂空的無量了悟。

　　在上師的指示之下，吉美林巴讓這些法教保密了七年；
之後，在桑耶寺 [註20] 後山上的青普，一次三年閉關中，他曾
在三次淨相中見到了龍欽巴尊者 [註21]，也就是無垢友 [註22] 的
化身。龍欽巴自己已達到普賢佛的境界，在吉美林巴的淨相
中，他們的心合而為一。龍欽巴鼓勵吉美林巴將他在淨相中
所尋獲的伏藏公開，為眾生開示。

　　依著預言，在木猴年（1764）猴月10日夜晚，當吉美

林巴正在做大薈供的迎請部分時，蓮花生大士燦然地出現在空中，勇父及空行如雲般隨行在側；蓮花生大士當場給予加持，並遣除所有障礙，讓此法教得以順利傳播及生根。

不久之後，雖然吉美林巴不曾跟任何人暗示過他擁有如此淨相中的法教，工布的瘋和尚扎迪瑞比多傑[註23]前來拜訪，毫不猶豫地請求法教；吉美林巴接受了這些請求，漸次開展這些寶藏，給予弟子修持這些甚深法教所需之一切灌頂和說明。

龍欽寧體分許多不同的部分，包括前行和正行，生起和圓滿次第，以及最重要的阿底瑜伽，也就是大圓滿[註24]的修行，也因此建構了一條趨向覺醒的完整道路。

卷一、上師相應法

緒論

上師相應法，就是與上師的本性合而為一，這是所有修行的基礎，其中有許多不同的修行方式。上師相應法分為外、內、祕密，以及最祕密的修行方法。法本上所敘述的外在修行方式，簡而言之，就是觀想上師在我們頭頂之上，然後用最大的虔誠，全心地向他祈請。

內在修行方法，就是經過練習而領悟到自己的身語意，與上師的智慧身語意無二無別。在龍欽寧體中，這種內在修行的方法叫做「持明總集」，是蓮花生大士所傳下來的修行儀軌。

上師相應法的祕密修行方法，就是以上師報身也就是殊勝受用身來觀想；在龍欽寧體中，就是觀想蓮花生大士為觀世音菩薩的形象而修行，叫做「苦之自我解脫」。

最祕密的修行方法是直指我們覺性最自然的境界，方法則是觀想龍欽巴尊者，在他的心中是原始佛——這最祕密的儀軌叫做「具明點印」。

從究竟的層面看來，上師與我們自己心的本性無二無

別，而我們心的本性就是佛境的精髓——如來藏。那麼，我們能用什麼方法來體現這究竟的上師？透過外在的上師，也就是相對的上師以及他的心要指示，我們可以領悟到內在的上師，或是究竟的上師，也就是覺性本身。這種了悟的真正基礎，就是我們現在所說的上師相應法；這個方法屬於外在的修行方法，從技術面來分類，屬於前行法的一部分。但，上師相應法卻又是其他所有階段，以及其他所有修行的真正核心。如果你認為它只不過是一種前行而不重要，就犯了非常大的錯。反過來說，我們需要了解，如果此生能夠持續的修行上師相應法，就很容易可以得到蓮花生大士本身的加持力。

重要的是，在做任何事情的時候都勿忘上師；不管是在禪定中，或是禪定後，都勿忘上師。所以說，上師相應法的實際儀軌並沒有規定只能在閉關時修行，而是適合在生活中的任何狀態下修行，同時也可以給任何程度的修行者來修行。

由於心安住於身體之內，正確的身體姿勢是非常重要的。當上身和脊椎正直，氣脈(註25)同時正直，心也就變得清明。如果我們懶懶散散，體態隨意，完全不注意姿勢，就很難專心，也很難讓三摩地在心中生起。我們應當採用毘盧遮那七支坐姿(註26)。

　　修行上師相應法的目的，就是要培養甚深的虔誠心；最深的虔誠心，可以讓我們看到自己的上師與佛陀本人沒有任何的差別。如果我們將上師視爲一般眾生，我們也只能得到一般眾生的「加持」。如果我們將上師視爲阿羅漢、或者獨覺佛，或者聲聞，我們將得到相對等的加持；如果將上師視爲菩薩，我們也會得到菩薩的加持；但是，如果能夠將上師視爲佛，我們將會得到佛的加持。

　　所有的佛都需要依賴心靈上師才能夠達到開悟。要眞正修行佛法，我們必須尋找到完全覺醒的上師，以全然的信心跟隨著他。佛經中說，「光靠信心就能夠證悟究竟本性」，沒有信心，即使對法教能倒背如流，也是沒有用的，對金剛乘的修行者更是如此。

　　如何培養甚深的信心？從現在看來，上師以人的形體顯現，看似一般眾生，但是他的心安住於智慧之中，不動搖。如果我們能夠了知他甚深的心意，我們會發現，他已經淨除了所有的過患，已經領悟一切所能領悟的，他在各方面及功德上都與佛是平等的；這樣的領悟，能讓我們心中生起更深、更眞實的虔誠心。

　　上師是一艘大船，帶領眾生穿越輪迴險峻的海洋；他是穩健無誤的舵手，帶領眾生至解脫的乾地；他是雨水，撲滅著慾望的火焰；他是明亮的日月，去除著無明的黑暗；他是

一塊踏實的土地，同樣承受著善與惡；他是如意樹，賜給暫時的快樂以及究竟的大樂；他是寶藏，藏著甚深的指示；他是如意寶，賜給我們所有證悟的功德；他是父親也是母親，平等的賜給所有眾生一切的愛；他是一條慈悲的大河、一座大山，聳立在世間煩惱之上，不為情緒狂風所動搖；他是一朵大雲，充滿雨水，撫慰著慾望的折磨。簡而言之，他與所有的佛一樣，我們只要與他建立關係，不論是見到他，聽到他的聲音，回憶起他，或者被他的手碰觸過，都能夠帶領我們走向解脫。對他有全然的信心，就是走向覺醒最穩健的方法。他溫暖的慈悲與智慧，能夠融化我們內在的垢染，讓內在佛性綻放出來。

　　能不能達成證悟，完全要看我們對上師的虔誠心；舉例說，在金剛持和帝洛巴的師徒關係中，帝洛巴不曾開口請求，而金剛持也不曾給予任何一字的開示，但是帝洛巴得到解脫，這完全是因為帝洛巴的虔誠心如此強大。只要弟子具足信心與虔誠心之環，上師慈悲與智慧之鉤便可以快速地把他拉向解脫之地。

　　　　當甚深虔誠心的太陽照耀在
　　　　上師四身的雪山上，
　　　　加持如大河般流下，

> 要在心中努力培養虔誠心。
> 同時
> 回憶上師一秒鐘，
> 遠遠勝過對十萬本尊
> 禪定一百萬劫。

其實，阿彌陀佛和金剛薩埵無量的慈悲從未忘記我們，但由於自己的障蔽，我們無法和他們面對面相遇。何以說我們自己的上師比所有的佛更為慈悲，因為我們此生能夠見到他，親自接受珍貴的教義。偉大上師巴楚仁波切曾經用過一個簡單的比喻：世界上並非所有的有錢人都同樣的慈悲，對於那些連吃住都困難的窮人，最慈悲的富者會給予他們協助。就算我們能夠在所有的淨土中遇見諸佛，我們也不會從他們身上得到比自己上師所開示更珍貴或更不可思議的法教；我們無法像奇蹟般地從下三道被立即拉起，立即覺醒，就像飛機飛上天一樣。

我們未必需要得到大量不同的開示才能夠達到證悟，事實上，印度的八十四位大成就者光靠四句開示就圓滿地覺醒，他們並沒有修習許多繁複的教義，反而是一心地修習他們所接受的指導。

同樣地，遇見上師時，如果心中有著完全的信心，強烈

的虔誠心，我們已經擁有在道上前進最主要的條件。但是，如果我們沒有信心，沒有虔誠心，無法將上師視爲佛，即使我們收集了各種不同的開示，不但無法進步，也容易墮入極端，像善星比丘一樣。

善星比丘大半生都跟隨著佛陀，也得到了許許多多的開示，他的記性非常好，能夠背誦全本三藏經典，但他對釋迦牟尼佛缺乏信心，甚至有錯誤的觀點──他以爲佛陀的所作所爲，以及所有的開示只不過是設計好用來騙人的詭計；因爲他這麼想，就和所有的加持絕緣。

如果我們缺乏眞正的虔誠，就算學問再好，對上師還是會起懷疑。缺乏眞正的虔誠，很容易就會用偏見的眼光看待上師的作爲，也因此而對上師產生錯誤的觀念；到最後，我們的障蔽更甚於當初遇見上師時的障蔽。但是，如果心中培養出眞正的虔誠心，單靠這熱烈的虔誠心，就能夠得到解脫。

我們不一定在遇見上師的那一刹那就能夠感受到如此的虔誠心，所以我們要修行上師相應法的儀軌，慢慢培養出更大、更強烈的虔誠心。在這本儀軌中，觀想上師與蓮花生大士圓滿形象無二無別。最開始，我們可能需要生起一種不完全眞實的虔誠心，一種有造作的虔誠心；在這個時候要想，我們的上師與蓮花生大士無二無別。

　　蓮花生大士到底是誰？我們應該了解一下：從法身的究竟面來說，他是阿彌陀佛；在報身而言，也就是「大樂」層面來說，他是觀世音菩薩；在化身的層面來說，他是在蓮花中誕生出來的上師。他出現在這末法時代，正是眾生因著煩惱和錯誤見解的障礙而不願修行無上佛法的時代。在這黑暗的時期，眾生飽受疾病、饑餓，和戰爭三害之苦；就是在這麼一個時代，蓮花生大士現身——他是諸佛的化身，他以印度大成就者的姿態來到西藏，對二十五弟子、耶巴的八十位大成就者，以及許許多多的眾生，傳授所有的開示，而他們也在往後的日子中全然覺醒。

　　到了我們這個時代，因著蓮花生大士極大的慈悲，我們也有機會修行密咒乘的法教。我們要建立一種觀念，我們的上師與蓮花生大士之間沒有差別，從心中應當想：「我的上師完全相等於蓮花生大士，他有同等的證量，也能展現出像蓮花生大士一生中曾經展現的奇蹟和覺醒功德」。

　　最開始，這樣的念頭需要用人為的方式培養，不斷重複；但是，如果懷著深切的信心，我們心中將生起真實的虔誠心，這種虔誠心是不需要努力造作而生起的。如果在一尊佛像上鍍金，這尊佛像更顯燦爛；同樣地，觀想自己上師與蓮花生大士無二無別，讓我們輕易地就能夠接收到加持，同時更加深我們的虔誠心。

　　在修行上師相應法的時候，光是唸誦法本中的詞句是不夠的，因為主要的重點是要生起虔誠心。為達成此目的，禪定時我們的心不應當飄浮，不應當隨時生起一些不安的念頭。身體應當保持七支坐姿，唸誦咒語的時候也不能只是嘴巴在「唸」，應當是觸動心深處的信心而「念」出，像是從自己骨髓中發出來的信心，全然相信我們的上師就是蓮花生大士本人。

　　總的來說，任何行為，只要是身、語、意同步，效果更佳。舉例說，如果我們行大禮拜的時候只是讓身體做一些機械性的動作，一面跟人聊天，一面心中正在為未來做計畫，或者玩味著過去一千個念頭，這樣的大禮拜不會有多少利益。

　　在身體上，我們要好好地做大禮拜；在語言上，要清楚地唸頌皈依文，不要在中間插入任何平凡的話語；在心的這方面，要完全專注在修行上，心中充滿著虔誠。要記得，做一次大禮拜的時候，將雙手放在額頭、喉間，以及心上，是對諸佛的身、語、意獻供；這樣，我們就能接收到對應的加持，淨除我們身、語、意中的三毒及所有負面特質。

　　當一個人從事世間事業時，為了成功，他一定會用一種很和諧而持續的方式將他的身、語、意協調在一起，因為擔心結果，他會日夜煩惱。同樣地，如果我們的目標非常

清楚，不斷努力朝向這些目標，將身語意合併在一起，毫無疑問，我們很快會成功的。反過來說，如果我們用一種虛偽的方式來修行，像是在國王或大官面前修行，假裝自己的身體非常精進，事實上心中沒有真正的興趣，如此進步就很有限。那樣只是一種練習，不會帶來結果，不會有成果；如同在牆壁上畫出一盞油燈，看起來像一盞油燈，但它無法驅除黑暗。

這就是為什麼在修行的時候要協調並統合身、語、意；三者之中，心意最重要，因為身和語是跟隨心意的指引，因此我們尤其不能讓心意隨處飄蕩。

上師相應法的實際修行分三部分：首先，觀想禪定對象，然後祈請智慧尊降臨；接著，是七支祈請文；最後，則是對上師虔誠的祈請，而後接受四種灌頂。

第一章　觀想

一、所處的地方即是佛土

在做任何觀想的練習時，我們應了解一切從最原始以來即圓滿；我們的觀想並不是一種智能上的造作，而是在最原始上即是真的。這表示，我們要將環境視為自然圓滿的佛土，其中的眾生都是天人、空行等。用強烈的虔誠心，觀想自己的上師與蓮花生大士無二無別。如果能夠一直保持虔誠心，蓮花生大士確定會隨時在我們身旁，像是我們的影子一樣。為了加強這種信心，我們唸頌上師相應法本中的詞句。

第一句是「唉瑪火」，這是一句讚歎詞，接著是「自顯、任運現前、圓滿純淨、無盡的佛土……」這指的是蓮花生大士的淨土，也就是銅山淨土。在這裏，眾生自然遠離煩惱情緒，自然傾向修行佛法，能夠與蓮師面對面，這就是所謂「純淨的佛土」。相比之下，我們這麼一個平凡的地方，眾生充滿著強烈的煩惱，像是貪瞋癡慢疑，不依照法教生活，心意散亂，只在乎追求此生的目標，這就是所謂「非淨土」。

如果我們觀想周遭環境為非淨土，對我們沒有幫助。但

是，如果我們觀想周遭為純淨的佛土，它就會變成淨土；說
準確一點，我們將漸漸了悟到它的自然純淨，於是我們要將
周遭觀想為一個自顯的佛土，範圍涵蓋整體現實。在這個上
師相應法中，這羅列圓滿的佛土就是蓮花生大士的淨土──
銅山淨土。

　　這樣的佛土並非由一般泥土和石頭所形成的，而是珍貴
的珠寶所造成；在這裡，遍地都是如意樹，還有一個湖，其
中盛滿甘露般的水，這水具有八種功德（註27），能讓眾生無
死，甚至野生動物都是和諧的依循法教而生活。鳥鳴聲傳遞
著法音，水、風、火、森林等，一切的自然聲，都如咒語般
的迴響。天空中充滿著彩虹，無數的持明者及空行，就如太
陽光束中微塵般眾多。到處可以聽到天籟、金剛歌曲，以及
咒語悅耳的聲音，為眾生心中帶來難以言喻的快樂。在此土
的眾生，沒有朋友和敵人的分別，全部都有著空行父母的本
性與身形；大家全是道上的同伴，依循著法教而生活。在此
佛土之中的眾生，心中不再有嫉妒、傲慢，和忿恨等煩惱，
而在無優劣等的平等心中，不起任何分別心；對於所有眾
生，他們生起慈愛與平等心。

　　如果我們心中能夠持續觀想這樣一個佛土，我們看待事
情的方式漸漸會改變，我們將能夠看待一切為純淨的，到處
都能夠見到銅山淨土。舉例說，如果我們在寺廟牆壁上見到

佛陀生平的壁畫，這會增加我們的虔誠心；如果牆壁空白，
就不容易激勵我們；不斷觀想一個地方是淨土，就是用同樣
的原理來作用。

　　簡而言之，我們應當觀想所見到的一切，就是蓮花生大
士身的顯現；所聽到的一切都是咒語，也就是蓮花生大士的
語；心中呈現的任何念頭或回憶，都是蓮花生大士圓滿智慧
的心意展現。不要認為這是自己心中造作，而從無始以來，
一切自然就是這樣；這純淨的狀態自然存在，但我們並不覺
知。透過上師相應法的修持，我們漸漸能夠了知到現象的真
實本性，所以說，這種禪定的目的就是要改變我們錯誤的覺
知，讓我們了知到一切現象本具的純淨。

二、將自己觀想爲金剛瑜伽女

　　用同樣的原理，我們必須觀想自己爲非凡殊勝，觀想
自己爲金剛瑜伽女，諸佛之母，諸佛之源——她有一面、雙
臂、雙腿，她是燦爛的紅色，明亮、透明，不是血肉、骨
頭一類粗糙物質所構成的，而是透明的，像是光所構成的。
我們必須非常仔細地觀想她樣貌的一切細節，用最細微地觀
察，注意到她身上的裝飾，眼珠的黑與白等等。她有三隻眼

睛，朝向天，以強烈的虔誠對著蓮花生大士，眼神中充滿著
遇見上師的喜悅。她的嘴唇微微張開，露出尖銳的獠牙，這
為她祥和的表情添上了一種憤怒的面貌。她一心望著蓮花生
大士，就像是一對彼此感到強烈愛意的男女。她以舞蹈姿勢
站立著，右腿微微上彎，右腳跟離地，像是正要向前走，左
腿直立在地面上。

　　她站立在蓮花、日輪、月輪與屍體之上，右手持一彎
刀，象徵著切除我執和貪瞋癡三毒；左手持一裝滿無死甘露
的顱器，左手的臂彎之間，有一三叉戟「卡杖嘎」靠在肩
上，象徵蓮師的祕密身形。她身上戴著八種骨飾，上面鑲著
珠寶：頭冠、耳環、三種項鍊、手環、腳環，和腰帶，象徵
八識（註28）轉換成智慧。她身上帶著五色絲巾，象徵著五種智
慧。她在外相上為金剛瑜伽女，本質上則是「耶喜措嘉」。

　　將自己觀想為耶喜措嘉不但重要，同時也很深奧。耶喜
措嘉，同時是蓮花生大士的佛母，也是他最主要的弟子。蓮
師對耶喜措嘉懷著深厚的慈愛及信心，深信她能夠了悟並實
踐他的法教。所以說，觀想自己為耶喜措嘉，蓮師安住在自
己頂輪之上，加持力更快速能夠進到我們本身，而我們的虔
誠心自然就更強化了。

　　耶喜措嘉到底是誰？在她的一生中，她沒有一秒鐘懷
疑過蓮師，或者對蓮師有過任何錯誤的見解。她永遠把蓮師

當作佛陀本人，因為她有著完整不動搖的信心，自然成為蓮師珍貴法教完美的容器。她的修持無誤，最後達成圓滿的證悟；從究竟上來說，她的證量與蓮花生大士的證量沒有任何差別。

當我們觀想自己為耶喜措嘉時，便形成一種吉祥的連結緣分，讓我們像耶喜措嘉一樣，能夠接受蓮師所有的加持與法教，使我們得以順利修持這些法教，達成證悟。耶喜措嘉被視為諸佛之母，就像任何一個家庭中，所有孩子對母親懷著偉大的情感，同樣地，要觀想諸佛對我們懷有偉大的慈悲。

三、蓮師在我們頭頂上

觀想在我們頭頂上有一朵十萬花瓣的蓮花，蓮花上面有著日輪、月輪；日輪象徵著慈悲的善巧方法，月輪象徵了悟空性的智慧。日、月輪都是平扁、完整的，月輪稍稍飄浮在日輪之上，日輪稍稍飄浮在蓮花之上。在蓮花及日月輪之上端坐著我們的上師，以蓮花生大士的身形顯現，而蓮師則是集一切皈依於一身。從外在來說，蓮師是三寶（佛、法、僧）的融合。從內在來看，他是三根本（上師、本尊、空

行）的融合。而在祕密上來說，他是三身（法身、報身、化
身）的融合^{（註29）}。在本性上，他就是我們的根本上師，在此
一生中賜予我們所有的法教。

　　他的身形就是湖中誕生的蓮花生大士，也就是過去、現
在、未來三世諸佛的融合精華，以化身的身形顯現於此。他
的身體有金剛不壞的本質，為了示現他的無死境界，他的面
貌是八歲兒童，充滿年輕氣息；他的膚色白裏透紅，散發著
健康氣息。

　　他身穿九層袍衣，象徵對九乘的了悟，這其中包含三
層僧袍及藍色袍子之下的一件白衣，這些之上是一件錦緞斗
蓬。三層僧袍象徵他對小乘法教的嫻熟成就；藍袍象徵他對
大乘法教的嫻熟成就；錦緞斗蓬象徵他對密乘法教的嫻熟成
就。

　　蓮師有一面、雙臂、雙腿。他雙眼張大，直視虛空，象
徵他隨時覺知到究竟本性。雖然嘴角帶著微笑，但額上雙眉
微蹙，這代表在他身上融合了祥和及忿怒面。他以右腿微伸
而左腿微曲的坐著，這是「王者遊戲」的坐姿。就如同沒有
人會違背國王的命令，三界輪迴之中也沒有人敢違背究竟智
慧之王——蓮花生大士－－的命令。

　　蓮師右手持五股金剛杵，象徵他成就了四灌頂中第一項
瓶灌頂的一切功德特質。在其他許多法相中，蓮師手持金色

金剛杵的位置是在胸前，手指頭向外指；但在此，因末法時代勝利的旗幟是由黑暗的負面能量所高舉，所以蓮師將降服一切的金剛杵高舉向空中——這樣的手印也出現在龍欽寧體持明總集的儀軌中，名叫「威懾現象」。

蓮師的左手結平等印，其中有一盛滿甘露的顱器，此顱器具足一切功德。顱器象徵第二灌，也就是祕密灌頂的成就。顱器之上是無死寶瓶，象徵蓮師已達到無死持明者的境界，也就是「了知無死智慧者」。寶瓶之上有如意樹的樹枝。

在不同的法相中，蓮師會配戴各種不同的頂冠或法帽，在此，他戴的是五瓣蓮花冠。五瓣代表著五方佛，因為蓮花生大士屬於「蓮花」家族，也就是阿彌陀佛的化身，所以他的頂冠是蓮花的形式。蓮花冠同時也象徵蓮花出淤泥而不染，蓮師奇蹟般的化現，超越凡夫出生過程的所有垢染。蓮花冠之上有日月，象徵方法與智慧，之上有一個禿鷹的羽毛，象徵成就大圓滿之究竟見解。

蓮師左手的臂彎之間，有一三叉戟「卡杖嘎」靠在肩上，象徵第三種灌頂，也就是智慧灌頂的成就。三叉戟同時象徵空行母耶喜措嘉和曼達拉瓦的祕密身形，他們是蓮師的主要佛母，本身代表大樂與空性。三叉象徵一切現象的空性，空性的顯現是純淨的光明，以及周遍一切的慈悲。三叉

的每一叉上各垂下三個環，加起來象徵九乘。在三叉之下，從上到下排列著一乾的頭顱、一腐化中的頭顱，以及一個剛斬斷的新頭顱，象徵三世及三身。這些之下有一長壽瓶，一對交叉的金剛杵，以及一個掛上絲巾的顱鼓；絲巾的五色代表五種智慧。

蓮師坐在虛空中，空中充滿著彩虹光，到處都是密密麻麻的五色光點與光圈。他的身體放光，無量的光束射向十方，透過這些光束，蓮師能依自己意願化現為十方的佛土及諸佛菩薩，三根本中的所有本尊，這都是蓮師智慧心之化現。同樣地，他能將這些化現攝受入自己的身體，以此示現他們與他是合而為一的。

我們有三**種方式**來觀想蓮師：1.第一種就是觀想他獨自一人稱為「總攝一切的珍寶」。2.第二種方式是觀想蓮師，以及所有尊貴的上師排列成行，在他上方，從原始佛一路下來到蓮師本人。3.在此，我們用第三種觀想方式，叫做「大薈集」：蓮師在正中央，周圍如雲般薈集諸上師與本尊，外圍薈集的都是蓮師的心傳弟子。這些弟子其實都是蓮師身、語、意、功德與事業的化身，這每一個面向再化成同樣五種化身，總共是二十五位心傳弟子，包含毘盧遮那、南卡寧波、吉松德真王、耶喜措嘉、多傑敦珠等等。在此偉大薈集中，還有印度八大持明者，他們是八種傳承的執持者，包括

執持忿怒文殊本尊身傳承的文殊友，持有密集金剛語之傳承的龍樹，以及持有眞實嘿嚕嘎本尊心傳承的吽千伽納。

　　這龐大的薈集，還包含印度八十四位偉大成就者，以及西藏各個傳承有成就的智者和瑜伽士，這些傳承包括寧瑪派、薩迦派、噶舉派、香巴噶舉、時輪、三金剛修行、施身法、噶當派，以及格魯派（註30）。這個極爲龐大的薈集環繞著蓮師，包含所有我們具足虔誠心的對象。觀想這所有偉大的上師都在我們頭頂上，想到在過去世，我們曾經從他們每一位身上得到開示，我們應當發起強烈的感恩與虔誠心，想像自己像善財童子一樣，這位「聰明的年輕人」曾經事奉一百五十位上師，終於達成證悟。

　　環繞在這一切之外，觀想密續四部（見註46）所有的本尊、父續及母續傳承之空行和護法，諸佛、菩薩、阿羅漢，以及獨覺佛；如同高山山頂被偉大的雲層環繞著，蓮師被這些偉大聖衆環繞。

　　爲了修正我們對於現象的不純淨覺知，在做以上觀想時，不應當觀想他們是由血肉、骨頭等一般粗糙物質所構成，而是光體──非常清晰而透明，如彩虹般生動的顯現，但沒有實質的存在，像是水中月影一樣。同時，我們不應當認爲他們是沒有生命的彩虹光展現，而應感覺到他們充滿智慧、慈悲，以及利益衆生的能力。

雖然我們觀想蓮師爲主尊，周圍環繞著無量的隨從眷屬，但事實上他們之間沒有任何分別；在這個觀想中，所有的本尊和上師都是蓮師本人的化身。他們是蓮師心意的化現，於是與蓮師的本性相同，他們的智慧及慈悲與蓮師相同。

透過強烈的願望和信心，任何事都能成就；同樣地，如果我們毫無懷疑，認爲蓮師確實就在我們頭頂上，他的加持力能夠持續不間斷向下流入我們自身。我們不應當想，他可能在那裏，他或許未來會來，也不應當想頭頂上觀想的蓮師只不過是我們心中造作的，或者是一個替身，不如眞正的蓮師，因爲眞正的蓮師居住在銅山淨土。我們要有絕對的信心，具足一切智慧與慈悲的蓮師就在面前，因爲自己的障礙才無法隨時看到他。

再說，我們也不應當認爲蓮師居住的地方非常遙遠，遠到他無法感受到我們對他的請求，也不應當認爲他要管的眾生那麼多，他不可能注意我們，也不可能記得我們。蓮師具足全然的智慧、慈悲，與能力，要了解，只要向蓮師祈請一次，或者唸頌一次金剛上師咒語呼喚他，甚至於把手放在心上，以示對蓮師的虔誠，或者單純地用清晰的信心憶起他，他都會知道，因爲他對我們的虔誠心是全然了知的。「只要有信心的人，佛陀就站在他面前！」

　　就算在這一秒鐘，無數眾生正在向蓮師祈請，他也會清楚地知道每一位是如何祈請，確實了知誰受苦，誰快樂。他會知道每一位眾生的程度在哪裏，也會知道每一位眾生所祈請的是什麼，這祈請是否來自心底深處。他會非常清楚地知道這一切，就像是看到鏡中景象一樣清晰；蓮師自己曾說，「哪一位有虔誠心，我就站在他門口」，他永遠陪伴著我們，像是我們的影子一般。只要我們有虔誠心，三世諸佛會隨時與我們同在——這是一個承諾，這是蓮師的承諾！

　　蓮師是諸佛身語意的化身，特別爲了末法時代的眾生顯現，爲圓滿眾生的需求而化現。他的祈請與慈悲，對這樣一個時代所面臨的疾病、饑荒，和戰爭特別有效。在這個時代裏，眾生皆受三毒之苦，過去時代的良好特質只剩下殘渣。在這個時代，不重視法教、破戒的眾生比比皆是，負面影響甚大，我們必須向蓮師祈請，請求他降服所有負面力量，安撫一切痛苦。

　　在此生，我們能夠親見自己的上師，直接從上師處聆聽心要指示，要有堅定的信心——我們的上師與蓮師相同。向自己的上師祈請，能夠更快帶來加持。雨下在屋頂上，集中在排水槽；同理，向自己的上師祈請，視上師與蓮師無二無別，更容易讓加持力集中。

　　蓮花生大士是三世諸佛的化身，他呈現許多不同面向，

不論我們向哪一個面向祈請，我們的願望皆會達成。「心願頓成」祈請文中說明，如果我們生病，或者生命有危險，我們要向蓮師長壽佛，也就是無量壽佛祈請。如果我們窮困潦倒，一切都沒有了，我們向蓮師財神祈請。如果我們受到自然界威脅，我們向蓮師蓮華金剛祈請。如果受野獸或其他攻擊，要向蓮師不敗英雄面向祈請。如果病重，要像蓮師烏金藥師佛祈請。如果死亡突然來臨，要向蓮師無量光阿彌陀佛祈請。如果害怕中陰生，要向蓮師了知三世祈請。因為蓮師是諸佛的總集，所以能夠呈現如此廣大不同的面向。終究來說，把蓮師視為諸佛的精華而祈請，我們將能達成了悟自己內在智慧本性的至高成就。如此祈請，一心專注，充滿信心，毫無疑問，我們的祈請會有回應，這就是為什麼，在這個祈請文中，蓮師曾多至十三次重複說「祈請時，不分心，不懷疑」。

四、迎請智慧本尊

儀軌中的下一個步驟，是要迎請蓮師從他的佛土中來加持我們。如果我們有信心，相信他已經在我們頭頂上，為什麼還需要迎請他？以初學者的身分，我們難免還是會想到

蓮師仍然居住在遙遠的銅山淨土；爲了要去除這種懷疑，我們直接迎請他從佛土中到來。我們要相信他確實到來，融入我們頭頂上觀想的蓮師。如果能這樣，我們的觀想便得到加持，這就像是一尊佛像用神聖的舍利裝藏後所得到的加持，或是一個沒有生命的身體突然被賦予一顆心一樣。接著，要眞的認爲蓮師與我們同在，他的面向與精要俱在；透過這樣的信念，我們的虔誠心會大量增加。

爲了培養及維持虔誠心，爲了迎請蓮師，我們用的七行祈請文叫做「七金剛句」。迎請蓮師有許多不同長度的祈請文，從長篇的「七章祈請文」，到中篇的「除一切道障」，以及「心願頓成」；其中，最濃縮，也是最精華的祈請文就是「七金剛句」，也被稱爲「蓮師七句頌」。

這是極爲有力量的祈請文，舉一個例：因爲慈悲的力量，蓮師顯現在我們這個世界中，他從阿彌陀佛的心中，以紅色「啥」字顯現；這個「啥」字在無量光束中下降，停留在鄔仗那西北達那果夏湖中央的紅蓮花上；接著，在一瞬間，紅色的「啥」字轉換成爲一個八歲小孩 —— 蓮花生大士。這一切都是特別爲了回應諸空行父母的熱切祈請，他們用的就是「蓮師七句頌」，祈請蓮師在宇宙中出現。

再舉一個例：蓮師曾經居住在尊貴之地^(註31)，佛陀的聖地，那個時候，在印度金剛寶座菩提迦耶，佛教徒和外道

　　^(註32)的班智達（見註47）正舉行一場大辯論，在辯論進行中，看起來佛教徒要輸。有一天晚上，佛教徒之中許多人同樣夢見一位空行母，以老太婆的身形出現，預告他們不可避免的失敗。老太婆解釋說，他們唯一勝利的希望就是接受他哥哥的幫助；當時，她哥哥正在印度其中一座偉大的墳場修持瑜伽術，他的名字是「金剛顱鬘力」（Dorje Thotrengtsal）。老太婆說，如果大家能夠向他熱切的祈請，他將毫無疑問地會到來，擊敗這些邪教徒。這些佛教學者擔心距離太遠，「金剛顱鬘力」無法趕過來挽救辯論，而他們認為只有奇蹟才能讓他快速到來；空行母叫他們放心，向他們解釋，對於蓮師來說，時間和距離不是問題。她勸學者們，在寺廟的屋頂上作一個大薈供，然後熱切地唸頌「蓮師七句頌」迎請蓮師；如果他們如此做，她保證蓮師會來。

　　第二天，佛教學者們發現他們之中許多人都作了同樣的夢，他們就照空行母的指示做，而就像她所承諾的，蓮師出現在空中，然後坐到他們中間，作為主要的學者，準備和邪教徒辯論。在辯論的過程中，蓮師透過對經文的熟悉和自己的智慧，徹底摧毀了邪教徒的辯論。外道教徒被逼急了，回到他們巫術的本領，在這些佛教學者們身上下咒，於是，蓮師到了寒林墳場。在那裏，獅面空行母現身，叫蓮師觀想她，用七天的時間唸頌她的咒語；之後，蓮師以閃電雷雨降

到外道教徒身上，徹底戰勝他們。最終，這些外道教徒走上佛教的道路。

　　「**蓮師七句頌**」帶著極大的加持！在古代及現代的伏藏法之中，只要提到蓮師，全部都含有「蓮師七句頌」。蓮師說：「只要有弟子虔誠地用蓮師七句頌向我祈請，我將立刻從銅山淨土到來，像母親一樣，無法拒絕孩子的呼喚。」

　　祈請文一開始是「**吽**」字，這是諸佛心意智慧的種子字。接著，第一句是「**烏金由吉奴江燦**」，意思是說「在烏金淨土西北邊境」。烏金淨土的四方有四座湖，這邊所指的是西北角的湖，名叫達那果夏。「達那」在梵文中是「財富」之意，「果夏」是「寶藏」；蓮師就是從這個湖中顯現在這個世界上。

　　第二句是「**貝瑪給沙東波拉**」，意思是「蓮花花莖蓮胚上」。在達那果夏湖上有無數五色蓮花，蓮師屬於阿彌陀佛家族，也就是語言或蓮花家族，屬於紅色色系；蓮師就是化現在湖中央一朵紅色蓮花花蕊上。

　　第三句是「**牙趁秋記娥竹涅**」，意思是說「勝妙悉地成就尊」。蓮花生大士的出生並未依賴因緣或父精母血；如前所說，他是以種子字「啥」字突然出現在紅色蓮花中間，他是阿彌陀佛心中純淨覺知的顯現。「啥」字化成光，轉換成為永遠年輕的八歲孩童，氣色燦爛，身上擁有佛的三十二種

主要印記和八十種次要印記。當他出現時，到處都是彩虹，十方諸佛灑下如雨般的花朵，天上奏出音樂，到處能聽到遍滿虛空的空行父母甜美的讚美歌聲。

第四句是「**貝瑪炯涅謝蘇札**」，意思是「稱揚聖名蓮花生」。蓮師是究竟的皈依對象，永不欺騙的皈依對象，在無量的佛土中，他享有「蓮花生大士」的盛名。

第五句是「**闊讀康卓茫杯果**」，意思是「空行眷屬眾環繞」。不論蓮師在哪裏現身，他都開示密咒乘，也就是金剛乘的法教。空行母不但聽聞這些法教，也是這些法教的執持者，於是永遠都有空行母眾環繞在蓮師身邊。

第六句是「**且寄接蘇達竹記**」，是一句祈請，意即「我今發心如遵行」。因爲無明，我們現在無助地流浪在六道輪迴的痛苦和妄念之中，唯一逃脫這個狀況的方法，就是要接受密咒乘的甚深法教，然後修持。爲了遣除無明，我們祈請蓮師到來，給予我們加持、灌頂，以及開示，讓我們跟隨他走上修行道路，同樣完成他所圓滿的無上成就。目前我們正被淹沒在苦海中，業障和負面情緒的能量讓我們困在無明之中，我們必須依賴像蓮師這樣非凡的聖眾，因爲他已經脫離苦海；否則，我們無法從痛苦和混亂之中解脫出來。

第七句是「**金基拉企謝蘇索**」，意思是「祈請降臨賜加持」。透過我們的請求，蓮師會到來，賜給我們身語意的

加持，讓我們能夠覺醒；就如同在佛像上鍍金，當我們的身語意得到蓮師身語意的加持，我們就更有能力來圓滿無上成就。

祈請文最後是咒語「**咕嚕貝瑪悉地吽**」，「咕嚕」在梵文中直接意思是「重量」，這個字在藏文翻譯成「喇嘛」，直接的意思是「不可超越」。「重量」表示上師有著善德、功德的力量，若違背他的指示，將帶來嚴重的後果。蓮師是三世諸佛一切智慧、慈悲及事業的完整融合，是三世諸佛的精華；因為他充滿無量的覺醒特質，我們稱他為「咕嚕」，很重，很有分量的意思。梵文中「貝瑪」（藏文亦同，發音貝瑪）是「蓮花」的意思，指的是蓮師的名字。蓮師是阿彌陀佛的心意化身，他是屬於五方佛中的蓮花家族，亦稱「語家族」，他本身也是這個佛家庭的大成就者、持明者。梵文的「悉地」，或者藏文的「娥竹」，意思是「真實的成就」。「吽」是諸佛心意的種子字，就因為蓮師是諸佛的化身，所以「吽」字特別是屬於蓮師的種子字。所以，在祈請文的最後，當我們說「悉地吽」的時候，我們祈請蓮師賜予我們所有共同和最高的成就。

如果用很深的虔誠心一再唸頌這祈請文，毫無疑問，我們將得到加持。我們要培養不可動搖的信心，相信蓮師聽到我們的祈請之後，真正會從銅山淨土來到我們面前。

　　我們已經觀想自己是金剛瑜伽母。在這個時候，要另外觀想一位金剛瑜伽母，與我們一模一樣，從天空中下來，接近我們。就跟我們一樣，蓮師在他頭頂上，周邊環繞著印度八位大成就者，蓮師的二十五位西藏心意弟子，以及如雲般的空行父母、喇嘛、本尊、護法等等隨行在側。金剛瑜伽母、蓮師，以及所有其他的眷屬眾降臨並融入我們——金剛瑜伽母融入金剛瑜伽母，蓮師融入蓮師，龐大的隨從眾融入龐大的隨從眾之中。我們以全然的信心向上看著他，心中沒有任何懷疑，蓮師本人就在我們頭頂上，他將加持我們。

　　我們已經觀想了一位蓮師在我們頭頂上，又迎請另一位到來，融入第一位。第一尊蓮師稱為「誓句尊」，從銅山淨土到來的蓮師稱「智慧尊」。當智慧尊化入誓句尊時，就像是將牛奶倒入水中，二者親密地融合在一起，已經無法分辨二者；水變得更豐富，比以前更好喝。以同樣的原則，當我們迎請蓮師化入另外在頭頂上觀想好的蓮師時，我們心中要想，他的加持、慈悲和智慧更強烈而更現前。

金剛瑜伽母

第二章　積資七支

　　爲了能得到蓮花生大士的加持，我們應當累積功德和智慧，而累積資糧最重要以及最容易的方式就是「積資七支」。根據一般傳統習俗，當我們迎接一位重要人士的時候，我們總會帶給他一份代表心意的禮物，也會用身體表達敬意，比方說鞠躬；另外也會給他一把舒適的座椅，以及可口的點心飲料。同樣地，並且在一種更高層次上，當我們祈請蓮花生大士從他的佛土到來，也要向他獻供。對佛獻供有不可思議的大功德，只要對上師身體上一個細胞獻出一滴油，這個功德和利益超越對諸佛獻出無限供養；特別是如果能夠在上師面前獻供，行大禮拜，或者懺悔，功德和利益會加倍，而障礙和惡業能夠更迅速地得到淨化。

一、大禮拜

　　積資七支中，第一是大禮拜，大禮拜是專門對治傲慢的。觀想自己是金剛瑜伽母，然後再觀想第二位金剛瑜伽母站在自己面前，她的頭頂上是蓮花生大士。再來，觀想從自

己幻化出無量的自己，如同宇宙中灰塵一樣多。接著，自己及自己所有的化身，連同宇宙所有的眾生，開始向蓮花生大士大禮拜，齊聲唸頌皈依祈請文。

行大禮拜時，首先要站得平衡，雙手合十而微撐開，形成蓮花正要綻放的形狀，象徵自己發菩提心。接下來，將雙手置於額頭的位置，心中想著「皈依諸佛之身」；在此，我們淨除自己與身體有關的所有障礙和惡業。接著，將雙手帶到喉間，心中想著「皈依諸佛之語」；在此，我們淨除所有和自己語言有關的障礙與惡業。接著，將雙手帶到心前，心中想著「皈依諸佛之意」；在此，我們淨除一切與心意有關的障礙及惡業。透過這樣的動作和念頭，我們接受諸佛身、語、意的加持。

禮拜，是五點著地——額頭、雙手、雙膝；當我們做大禮拜在身體著地時，要心想我們以此方式皈依五方佛，同時將五毒轉換成五智慧。

正式的大禮拜，也被稱為虔誠之大禮拜，是全身手腳伸展開，撲倒在地上，這帶來更大的利益及更迅速的淨化；從這樣的大禮拜起身時，手要沿著地板收回來，心想由己身來承擔所有眾生的苦。

我們用身體來行大禮拜，用語言來唸頌七支祈請文，用心來觀想蓮花生大士在我們面前，如雲般的隨從環繞著他。

我們以正念來練習此三者：觀想時要儘量保持清晰和準確度；唸頌時要能覺知到唸頌的意義；大禮拜時注意到身體的平衡、體態，以及紀律。

大禮拜的修行有三**種層面**：1.在最高層面上，我們領悟到究竟本性的觀點，覺醒的精華；這覺醒本身就是甚深及崇高的禮拜。2.在中級層面上，當我們觀想無量眾生以及無量自己的化身一起做大禮拜的同時，我們將這個舉動與禪定合而為一。3.在一般的層面上，我們懷著覺知和信心做人禮拜。

僅僅一個大禮拜的功德，已足夠讓我們不斷投生為王者，而投身次數之多，相當於大禮拜時身體下面灰塵數量，這是因為真實的謙虛是一扇開向一切卓越之門，而傲慢是我執心的堡壘，它完全封鎖住諸佛對我們的加持，妨礙我們在修行道路上的任何進展。

二、獻供

積資七支的第二支是獻供，獻供就是專門對治吝嗇的，可以從兩方面來看：外在或物質的供養，以及內在或精神上的供養。在佛壇上，我們獻上水杯、花、香、油燈、香水、食物，以及象徵音樂的供養，這就是七種傳統物質的獻供。

透過專注力，我們可以將一切廣大顯現的現象供養出去，這就是所謂「存在的手印」，這表示我們獻出整個宇宙，所獻出去的宇宙是十分華貴、非比尋常的。比方說，高山原本就美麗，在此全部由金銀財寶及各種珍貴物質所做成；森林充滿如意樹；湖泊河流之中盛滿無死甘露。我們不只獻出這些，同時獻出我們周圍所見到任何悅目和美麗的東西，像是花園或公園、花、鳥，以及動物，甚至於大都市風華多變的華麗。我們將這一切獻給蓮花生大士，以及他周圍的諸佛菩薩，由此而累積偉大的功德。

最特殊及有效的獻供方式是「普賢如雲般的獻供」：觀想自己為原始佛普賢王，從心中射出成千上萬的燦爛光束，每一個光束上帶著廣大供養獻給十方佛。在每一光束的頂尖上，再觀想自己化為原始佛，從他的心中再射出成千上萬的光束，每一光束上帶著更廣大的供養。在這些光束的每一個頂尖上，又有一個原始佛，同樣地射出光束獻出供養，如此輾轉，直到整個廣大虛空充滿無量供養。

除此之外，我們應當從最心底獻出我們在世界上所最珍惜的，比方自己的身體、兒女、配偶、財產等等。要儘可能的獻供，不論是心理或物質上的，好比說我們應當經常獻出上千、上萬，甚至於幾十萬油燈；如此做，我們在修行道路上會快速進步。

三、懺悔

　　第三支是**懺悔**，當我們覺知到廣大光明法身也就是究竟境界，對於身語意上所做的一切負面行為，那些障礙我們趨向覺醒的負面行為做懺悔。

　　自從無始輪迴以來，我們不斷在六道輪迴的大海中投生，佛以全知的智慧了知我們的每一世，但即使他要用一劫的時間來論述，也無法說明全部。在這無量生命之中，我們不斷在累積負面行為的烙印：在身體上，有著殺生、搶奪，以及不當的性行為。在語言上，有著謊言、污衊、閒話，以及重話傷害他人。在心意上，有著嫉妒、害人之念，以及錯誤的見解。其他有關三門的負面行為，包含破壞別解脫戒、菩薩戒，以及密咒乘戒律^{（註33）}。所謂非善德，或者負面行為，並不是像油漆一樣可看得到；它比較像是一顆種子，種在意識的土壤裏，或者像是一張借據，未來必須償還的。我們一切的行為，不論黑或白，全都必然會有果報；果報的確定性及不可避免性，讓我們迫切的需要淨化惡業。我們永遠不要認為一個非常微小的負面行為，像是對他人說一句不中聽的話，不會有果報；任何一個行為的效應，不論多小，都不可能消失在空氣中，時間到了必定會結果。

　　我們負面行為的果報未必在此生成熟，但死亡時一定會

成熟；同樣地，當一隻鳥飛在空中的時候，牠的影子是隱形的，但牠接近地面時，影子會突然顯現。在死亡後，當我們意識停留在中陰身（註34），我們負面行為的力量會迫使我們往生下三道的可怕痛苦中；我們目前仍然有機會，透過懺悔的練習，淨化這些負面行為及其果報。

　　負面行為的唯一好處，就是能夠被淨化；事實上，沒有任何負面行為嚴重到不能被淨化。透過**四力**，我們開始淨化這些負面行為：

　　第一種力量是支持的力量——為了修補負面行為所造成的傷害，我們需要一個適當的懺悔對象作為支柱；在此，是以蓮花生大士為對象，觀想自己在他面前，向他懺悔。

　　第二種力量是懺悔的力量——這是一種誠懇的後悔，懺悔我們的行為，我們如此想，就會生起懺悔心，「多可惜！無始輪迴以來，因為我不斷犯下的負面行為，會令我投生到畜生道、餓鬼道或地獄道。這所有負面行為將阻礙我達到**覺醒**」。

　　第三種力量是對治的力量——這也就是實際的淨化方法，我們用最大的虔誠心向蓮花生大士祈請，同時向他懺悔。因著我們的虔誠，從蓮花生大士的心以及全身射出光芒和甘露，融入自身，將我們所有負面障蔽徹底清除。我們的身體淨化了，完全沒有雜質，透明如水晶，充滿智慧甘露。

蓮花生大士對我們燦爛地微笑，說，「你所有的障蔽已經淨化了！」而後他化入光，融入我們，我們就禪定在與蓮花生大士心相融的狀態中。

第四種力量是承諾的力量——在懺悔、後悔，淨化所有負面行為之後，我們必須堅決地承諾，即使犧牲自己的性命，未來也不會犯下同樣的錯誤；如果不許下這樣的承諾，懺悔也沒有太多用處。如果我們心想「未來就算碰見同樣狀況，我還是沒有辦法克制自己，還會重蹈覆轍」，或者想「犯錯沒關係，因為之後可以把它淨化」，這樣我們的進步就很有限。在沒有聽聞佛法之前，我們並不了解負面情緒和負面行為的嚴重後果，現在我們已經清楚了解到，所以必須堅定地承諾，在未來避免犯下同樣的行為。

根據要義指示完成第三支的練習：觀想一切由身語意所累積的負面行為，以黑色物質的形式聚集在我們的舌尖；接著，蓮師從他的身體放光，光芒碰觸我們的舌頭，將舌尖上所有的垢染完全消滅，就如同早上的太陽光將前天晚上凝聚於草尖上的露水蒸發一樣。觀想一切被淨化，我們領悟到法身——究竟境界——的空性與清明。這境界完全脫離二元對立，沒有任何的負面情緒，只是因為自己的障蔽，讓我們分別淨與不淨，於是讓我們無法領悟到現象的根本空性。所以說，在所有懺悔的形式中，究竟懺悔就是在法身廣大光明中

的懺悔；在這裏，沒有主體、客體，或者行為。

四、隨喜功德

　　第四支就是隨喜功德，這是專門對治嫉妒和仇恨的。對於兩種真理（二諦）所含攝的一切正面及善德的行為，我們心中要培養出一種深沈的喜悅。在相對真理（俗義諦）的層面來說，要隨喜的善德包含物供、薈供，以及對僧團的獻供，同時也包含繞行聖地，或者在聖地做大禮拜等。在究竟真理（勝義諦）的層面來說，是對三摩地甚深禪定的隨喜；任何在相對層面的善行，必須輔之以三摩地的究竟覺性，否則效果不彰。

　　培養善行的同時不能夠傲慢或自滿，我們也不應該鄙視善行不合自己標準的人；永遠不能想，自己的供養最偉大、最有深度，無人能相比。就算我們盡了全力完成了偉大的善行，好比持誦百萬遍六字真言咒或金剛上師咒語，但永遠不要認為自己已做夠了。我們要像一隻野生犛牛一樣，不管吃了多少草，還在到處尋找更多的草；同樣地，不論我們累積了多少正面行為，永遠應當積極地累積更多善德。如果對於自己善行有任何驕傲或期望，希望能夠因此而得到名氣，這

會讓我們的行為和供養染上污點，令它們無效。

　　他人的善行應當成為自己快樂的泉源。如果我們花很多錢，做出很大的供養，而後看到別人的供養更大，可能會心煩，心想別人所累積的功德超過自己的，這樣的想法是不對的。應該想，他做了這麼好的供養，誠懇的希望他能夠在未來做出更大的供養，同時對他的善行隨喜，沒有任何嫉妒心。如果能夠在他人累積功德時如此誠懇隨喜，心中沒有任何嫉妒和執著，我們將累積同樣的功德。舉例而言，帕桑納吉的國王曾經邀請佛陀以及整個僧團到皇宮來住，負責他們一個月的食宿。在同一個城市裏，有一位對佛陀非常虔誠的老婦，這位老婦非常貧窮，但是見到國王如此的布施，她每天心中充滿喜悅地想：「國王能夠累積這麼多功德，真是美妙啊！」因著自己的全知，佛陀知道老婦心中所想的，一個月結束了，當佛陀回向功德的時候，他回向給這一位虔誠的老婦，令全場所有人訝異。

　　當我們看到一位上師開示法教、利益眾生、建造寺廟時，我們要隨喜。如果我們看到，甚至於聽說有瑜伽士隱居山中，精進地修行大圓滿而生起次第和圓滿次第，我們要隨喜。如果看到有人受在家戒或出家的全戒，我們要隨喜，心想：「這是絕佳的善德，他們能夠如此，真是太好了！」同時許願，希望所有眾生也能夠一樣。

在培養善德的同時，我們永遠不能忘記它的本質是夢幻的、本性是空的，這才是眞正的正行。用這種方式涵蓋兩種眞理，我們的善行將不受執著及攀附所束縛。

五、請轉法輪

七支之中的第五支是請轉法輪，這是對治無明的。在佛陀的所有事業之中，轉法輪是最珍貴，也是最根本的。請求轉法輪的祈請文說「請求轉三乘之法輪」，雖然祈請文之中沒有，在此可以加一句「爲了三種不同根器的衆生」。聲聞乘及緣覺乘的法教 (註35) 是爲了利益下根器的衆生；大乘的法教是爲了利益中根器的衆生；密咒乘的法教是爲了利益上根器的衆生。我們要虔誠地請求轉這三乘法輪。

當佛陀在菩提樹下覺醒時，他徹底了悟到一切現象的本性是空的。在覺醒之後，他感到衆生因著無明的枷鎖，而無法體會，因此他說「我找到如甘露般的法，甚深、祥和、無造作、光明、無始，但如果將這分了悟向他人傳授，他們是無法體會的」。他在甚深三摩地中停留了三週，感到傳法給他人是無意義的，但天道的衆生看到釋迦牟尼已經證悟，如果不說服他向衆生說法，衆生就無法得到利益。於是，帝釋

天向佛陀獻出右旋海螺，婆羅門供出千輻金輪，他們一起請
求佛陀出三摩地，轉法輪；佛陀接受他們的請求，透過這樣
的請求，帝釋天和婆羅門累積了無量功德。

　　同樣地，我們請求轉法輪，隨喜上師開示，也能夠累
積很多功德，因為透過這些，眾生能夠被指引走上佛法的道
路，永遠摧毀無明。我們要觀想從自己化出各種不同眾生，
王者、菩薩、天神，以及一般眾生，每一位都在向上師供出
海螺、金輪，以及其他珍貴寶物，請求上師為眾生轉法輪。

六、請求上師住世

　　七支之中的第六支是請求上師留住於世上，祈請文說：
「請求上師在輪迴未空之際，為利益眾生而長久住世，勿入
涅槃，直到眾生完全脫離輪迴為止」。在這個世界上如果沒
有佛，沒有心靈導師和道上的夥伴，空有一個暇滿人身，也
只能投入輪迴的事業和詭計中。我們所有時間將花在保護親
人、征服敵人，努力累積財富、名譽和權力，這是沒有利益
的。我們無法了解下三道的苦，以及苦之因，無法了解我們
將面臨無數未來世的枷鎖，無法知道此生該努力培養什麼，
該努力避免什麼。所以，我們要觀想自己是在家弟子純陀

（純陀曾經祈請釋迦牟尼佛停留世上，結果釋迦牟尼佛的生命延續了三個月），我們要祈請，願上師們長留世上，直到眾生完全脫離輪迴為止。

七、回向功德

七支之中的最後一句是回向功德：「回向三世所累積的一切功德，願達成偉大的覺醒」。我們將所有透過前六支修行所累積的功德，所有過去以及未來一切善德，回向給一切眾生。回向時，我們祈請：「以此功德，願無量眾生奠下覺醒的基礎；願一切眾生經由此功德，得以由下三道中解放出來，走向解脫之路」。要儘量用最廣大的胸懷做回向，這很重要，這樣我們能效法原始佛和文殊菩薩等偉大的菩薩，他們回向功德時是為所有眾生的利益。回向時不應當有任何私心，希望得到任何回報，不要認為有行動者、行動，以及行動的對象；儘可能從這樣的觀念解脫出來，要了解，這三者只不過是空的概念而已。

如果我們修持前行法，最正規的做法就是大禮拜和上師相應法同時進行，同時唸頌七支祈請文，這是因為大禮拜、獻曼達，和懺悔如果能針對自己上師時，是更有效的修持。

對自己上師做一次大禮拜的力量，遠超過對十方佛菩薩做十萬次大禮拜，這就是為什麼七支獻供要直接針對自己的上師。這樣能夠消除我們所有的障礙，自己也能夠快速得到上師的加持，讓我們能快速完成智慧與功德的累積。如果我們把雨水收集到一個大漏斗中，很快能夠裝滿一大桶水；同樣地，如果集中一切力量獻給上師，我們的進步會很迅速。

　　每一次修行都要封上封印，將所累積的任何功德回向給所有眾生，利益他們走向解脫。回向的任何功德永遠不會失去，就像放在大海中的水滴是永遠不會消失的。功德如果沒有回向，只能產生暫時的效果，像水滴放在炙熱的石頭上，立刻會蒸發。

法王坐相

第三章　虔誠心與祈請

　　上師相應法是一個善巧方式，**讓我們培養強烈的虔誠心**，這種虔誠心使我們不需費力就能將自己上師視為佛陀本人。最開始，這樣的虔誠心可能不是很自然，所以我們要用許多不同的技巧來幫助自己；最主要，我們隨時要想起上師一切的功德，尤其是他對我們的慈悲。我們要不斷地在心中培養對上師的信心和感恩，漸漸地，只要聽到上師的名字，或是想起他一下，將能停止我們一般的覺受，很容易地，我們會把他視為佛陀本人。

　　我們用以下的祈請文表示對蓮師的虔誠心：

　　　　蓮師，敬請諦聽！
　　　　您乃諸佛慈悲與加持之總集，
　　　　您乃諸佛最燦爛之化身，
　　　　您乃眾生唯一之護持，眾生之主！
　　　　毫不遲疑獻上我一切財產、身體、心、肺、胸等，
　　　　全然獻予您；
　　　　直至證悟，無論苦樂，珍貴蓮師，悉知一切。
　　　　除您無他可冀望，我今全心交付您！

【在此唸頌金剛上師心咒三百遍】

　　為什麼要向蓮師祈請？為什麼要依靠他？世間凡人通常依靠最有權勢的人，所以在此我們依靠蓮師──他是十方無量佛土所有佛菩薩的總和，為了利益眾生，在他身上匯集了諸佛菩薩所有的功德、能力和力量。在這宇宙中，他完全成就了密咒乘一切法教。在這樣的末法時代，眾生身上有著非常多的負面情緒與煩惱，因此我們要轉向蓮師，依靠他。這個時代中，充滿饑荒、疾病和戰爭，就算將心轉向法的少數眾生，也會面對可怕的障礙，阻擋他們在修行道路上的進步，阻止他們達成究竟目標。

　　蓮師以全知的智慧預見這一切，而因著他無量的慈悲心，他為這個時代的眾生提供有效的方法。由於他具有獨特的能力來幫助我們，我們可以用不動搖的信心來依賴他，蓮師自己說過，「任何對我修禪定的人，就是對諸佛修禪定；任何見到我的人，就是見到諸佛。我是所有『善逝』的總集」。

　　從外在意義來說，蓮師的身就是「僧」，蓮師語就是「法」，蓮師的心意就是「佛」。內在意義上，蓮師的身是「上師」，蓮師的語是「本尊」，蓮師的心意是「空行」。從密意上也就是三身來說，他以蓮花生大士的身形化現，這

是化身；他的語是大悲觀世音菩薩，這是報身；他的心意是
無量光阿彌陀佛，這是法身。由此我們可以看到，事實上蓮
師是諸佛的精華，而我們也清晰地看見他廣大的佛行事業。
像我們這樣無明的眾生，蓮師賜予我們珍貴的法教，讓我們
明白在修行道上應如何取捨，這將可以引領我們直到解脫。

　　蓮師無止盡地轉法輪，從語上來說，蓮師是一切法的根
源，宇宙間無量的密續與密法，沒有一個是他不嫻熟的。

　　目前住於南瞻部州（見註48）的眾生，無緣面見蓮師；雖然
他不再以凡夫所能看到的化身顯現，但在他所有的法教中，
蓮師都存在。為了未來的眾生，蓮師保存這些法教，同時為
了確保法教的力量及鮮活，他將法教傳給最親密的弟子，然
後以「伏藏」的方式來隱藏。當弟子們陸續轉世時，他們會
從岩石、湖泊、虛空及自己的心意中，將蓮師所隱藏的各種
寶藏再度尋獲。當這些伏藏在最有利的時間被尋獲，就可以
保證他們不會因長期的代代相傳而被扭曲，因此我們稱伏藏
傳承為「短傳承」。

　　如果我們正確的修行，以虔誠及真心來修行，毫無疑問
地，我們能達到一般及無上的成就。這些法教及修行機會，
就像一個大都市中所羅列的林林總總，就看我們是否要用它
們。

　　向蓮師熱誠祈請，將可封閉投生下三道的門，同時可以

讓我們堅定地走在脫離輪迴的道路上，最終可以讓我們達到證悟。因此，上師榮耀的金剛持，是一切加持的根本，一切經由他而得以成就。

從原始佛普賢王到我們自己，甚深的法教，經由覺醒者未曾中斷地傳承延續下來；根據不同層次的眾生，傳遞的方法有三種：1.最高層次是心傳心，由原始佛普賢王傳給五方佛；2.中等層次是持明者的傳承，這是象徵指示或隻字片語的傳承；3.第三種層次則是口耳傳承，這是針對像我們這樣的眾生。蓮師自身接受並傳遞這三種傳承，由於他具足諸佛完全的智慧、慈悲及能力，他對智慧心的傳承完全嫻熟。

在這個宇宙中化身爲金剛智的持有者，蓮師遊遍所有聖地，從所有偉大的上師處接受法教，包括印度的八大持明者；特別是從吉祥獅子處接受了「覺性開展」的灌頂，他可以經由指示或隻字片語，接受並了悟這所有的法教，因此蓮師是象徵傳承的持有者。無需訓練或學習，蓮師能夠精通密咒乘中各類密續的所有不同意義，因此他持有完整的口耳傳承。遊遍所有的佛土，蓮師接受諸佛的法教。

蓮師同時也具足了三根本，我們已了解到他持有三**種傳承**：1.他是上師，也就是加持的根本；2.他是本尊，也就是成就的根本；3.他同時是空行，就是事業的根本。

除此之外，諸佛的身、語、意、事業、功德等壇城完

整地集於蓮師。在**身**方面來說，他是忿怒文殊；在**語**方面來說，他是密集金剛；在心**意**方面來說，他是眞實嘿嚕嘎；在**事業**上來說，他是金剛普巴（見註49）。蓮師能夠根據自己的願望，化現爲一百零八尊寂靜及忿怒的本尊，展現出整個壇城，他也能夠集聚無量本尊並融入自己。他是阿彌陀佛，他是無量壽佛，他是觀世音菩薩，他是聖度母，他是金剛薩埵，他是千佛，他是八大化身，他是二十五弟子，他是八十四大成就者，他是八大法流的上師，他是我們自己的根本上師。以蓮師的能力及事業，僅只對他修禪定，我們就可以得到全然的開悟。

護法及空行是一切事業的基礎，而蓮師是他們最至高無上的統領。在整個三處（註36）中，僅是他的名號就能令勇父及空行將如海般廣大的密咒乘之密續獻給他。在他的指令下，勇父及空行會清除修行道上的障礙，令我們得以迅速進步。

他不會將自己的奇妙功德內隱，他持續湧現的慈悲就是諸佛的慈悲，而他救助眾生的能力亦與諸佛等同。在此衰敗的年代中，除了原始即圓滿的衰退痕跡外，一切都未遺留下。當本尊、聖眾，及一切法的加持似乎都在消失時，蓮師的加持卻較以往更燦爛；他無止盡的慈悲事業，在此黑暗的時代中，不但未曾減弱，事實上更快速而確定。

因爲一切眾生都向他皈依，所以我們說他是眾生的護

主。受到煩惱情緒干擾及累積業力的眾生，當他們將心轉向蓮師時，將得到他的慈悲及加持。了解到這一點，我們可以將自己最珍貴的一切獻給蓮師，我們的身體、所愛的人、所擁有的物質，以及最深刻的存有，沒有絲毫猶豫地獻給他。在完全沒有任何第二念之下來做此獻供，完全斷然地供出一切，就像丟石頭入水中一樣。就算我們能夠將整個宇宙中的黃金都供養出來，仍應當覺得不足夠；無論我們的供養有多廣大，沒有一種供養足以償還蓮師的慈愛。

從此刻起，直至我們達到像蓮師那樣的成就，我們在修行道上所發生的一切正面事情，一切的徵兆及領悟，一切過患的淨化，一切健康、財富及長壽的利益，都是因為蓮師的慈愛。我們所經驗的一切好事，都應該無條件的獻給上師，毫無任何執著。一切發生在我們身上的不幸情境，不論是疾病、財物損失、尖銳的批評、或是冤獄等，我們也應歸功於上師的慈愛，因為經由自己的不幸，可以淨除所累積的惡業。我們永遠不要想：「我已經向蓮師做了這麼多的祈請，我已經如此密集的修行，這些事情怎麼還會發生在我的身上？」透過視自己的痛苦為承擔眾生的痛苦，我們能夠將自己的苦轉為修行之道。

我們必須了解，從此刻起，無論所經驗的是好或壞，都在蓮師的手中。不論自己是徜徉於諸淨土，啜飲著諸佛菩薩

的法教，或是徘徊於輪迴的無盡痛苦中，我們應該想：「蓮師，您知道一切發生在我身上的事，我在您的手中」。

如果我們可以對蓮師建立出這種程度的信心，那麼蓮師就會像大地一般，永遠支持我們；從這種全然的信心，一切的功德及利益自然生起。沒有障礙可以障蔽我們，我們將免於疾病和痛苦，享有長壽，而且一切所願皆能實現。然而，這些只是次要的加持，更重要的是這種信心將可帶來體驗及證量，可以讓我們達到印度偉大持明者，以及在西藏蓮師二十五弟子的同等證量，這些才是主要的加持。

心中想著這一切，然後我們應該熱誠地祈請：

除您外，無其他冀望之對象！
在此末法時期，一切眾生陷於痛苦深淵，
請護持彼等眾生，偉大之上師！
具足悲智及加持，祈請賜予四灌頂。
您具足慈悲，祈請增強我之領悟；
您具足能力，祈請淨除我之二障；
您乃我希望之所託，祈請置我於覺醒之道。
願諸佛加持由您入我心續。
此刻全心向您祈請！
您以全知之智，知我生於末法世，

此中充滿疾病、爭鬥，眾生粗暴、驕傲而自大，

怠惰於佛法修行，所追尋皆有害。

此時貪、瞋、癡、疾病、饑荒、戰爭持續增長，

一切皆因己之業果報。

有如瘋漢歡喜入火焰，

我等亦歡喜累積未來受苦之種子。

有如無指引之盲人，亦如無人照顧之瘋漢，

我等全然陷入苦痛沼澤中而不自知。

蓮師，護持我勿在此低等荒野中漫無目的流蕩。

請授予我您身、語、意之金剛智，

請賜我四灌頂，令我了悟大圓滿之甚深含義。

經由您之慈悲，願我領悟得增長，

願我內在自然境界之智慧得以引燃[註37]。

【此時請持頌蓮師心咒三百遍】

　　當我們證悟時，矇蔽我們心的煩惱障（負面情緒）及所知障（對相對及究竟知識的障蔽）將消失。我們應以全然的信心祈請蓮師快速加持我們，而且將大圓滿的意義揭露給我們。

由心底深處向您祈請，

此非僅口說，

請您加持我，

願諸願望皆實現。

　　在做這個祈請時，我們應當想：「蓮師，這並不只是口說而已，我並不是爲了乞求您在此生及中陰時的護佑而稱讚您，由我生命的核心向您祈求，由我的骨髓向您祈請；除您外沒有任何念頭，除您外沒有其他的記憶，我要像石頭丟入水中一般消融於您，我無法忍受與您的分離。」

　　以這樣的方式，我們的心整個充滿了上師，一切負面的念頭，不論多粗糙或多負面，都全部被調伏，然後在想著上師的念頭當下時消失。我們應當以全部的能量及強烈度來祈請，直到這類加持被我們所經驗。倘若我們眞正能建立這樣的虔誠心，蓮師就會像一位母親，對她的孩子永遠有著大愛。當這個母親想給她的孩子任何東西時，她永遠不會想「哦，這對他來說太好了！」她會將最好的東西給孩子。我們應該在向蓮師祈請時想：「請賜予我您的慈悲，將我從此生及未來世的痛苦中救出；請引領我至上道，助我達到究竟的覺醒。」

【心中充滿著信心，再次持頌金剛上師心咒，盡己
之力持頌至少四百遍】

一、金剛上師心咒

為什麼持咒這麼重要，而咒語又是什麼？我們觀想自己
是本尊，所處的環境是淨土，這是為了淨化我們對形色的不
淨覺受；持頌咒語則是淨化我們對聲音的不淨覺受。「咒」
這個字在梵文中代表「心的護持」，因為當我們持咒時，我
們就保護心令它不落入凡夫妄念中。

與蓮師關係最親密的咒語就是金剛上師心咒：

嗡阿吽－班渣咕嚕－貝瑪－悉地吽

這個咒語是蓮師的命及心與精華，事實上這是蓮師化身
為聲音。

嗡

第一個字母「嗡」，指的是諸佛的身。雖然蓮師是遍滿
五方佛之主，「嗡」在此特別是指向阿彌陀佛，他代表蓮花

部的法身。

阿

第二個字母「阿」，指的是諸佛的語，在此特別是指向大悲觀世音菩薩，他代表蓮花部的報身；由「阿」字化現出八萬四千法門。

吽

第三個字「吽」，指的是諸佛的心意或智慧，在此化現為蓮花生大士，也就代表蓮花部的化身。事實上，蓮師是三身全然合一，這從咒語開頭的三個字已顯示出。

班渣咕嚕

接下來是「班渣咕嚕」，「班渣」是梵文，指的是鑽石（藏文為多傑，即石中之王），是自然物質中最殊勝的。鑽石非常堅硬，沒有東西可以切穿它，而因為這分堅硬的特質，讓它可以切穿任何東西。同樣地，蓮師身語意不變之智慧本性，不會受到妄念及煩惱所傷，而他的身、語、意及智

慧無需費力，即可消除由負面情緒及行為的業報所造成的蔽障及妄念。因此，我們可以了解班渣咕嚕（或藏文的多傑喇嘛），意指一位已達金剛乘修行道路上究竟目標的偉大成就者。簡而言之，班渣指的是終極的嫻熟，或了悟三身的不可分割性。

　　正如我們前面所提及，「咕嚕」在藏文中直譯的意思是「重」，意指上師因充滿善的功德而重。因為蓮師的身、語、意擁有與諸佛相同的無量功德，我們可以將之視為一個巨大的寶物櫃，其中裝滿了珍貴的東西，滿到要溢出來，這樣一個櫃子是頗貴重的，這也就是「因充滿善的功德而重」，就像金子是既貴且重。咕嚕是眾生中最貴重的，因為他不可思議及無欺誑的特質。咕嚕在藏文中稱為喇嘛，它的含義是指其優異性超越或高於一切。舉例而言，在皈依三寶、三根本或三身時，或是持頌諸佛名號，我們總以「喇嘛」做開頭，這意謂著以下緊接的是無法也不能被超越的。

　　我們稱自己的老師為喇嘛，因為有幸在此生遇見他，並聆聽上師的開示，我們以最大的虔誠心恆時憶念他，因此我們能永遠超越負面情緒，不受各種業及輪迴障蔽所困。

　　從蓮師在西北隅鄔仗那現身，直到他去東南州羅剎國，蓮師化現及傳授經教及密續的所有法教，但他主要是宣說金剛乘的法教；經由此，我們可以在一生中達到一般及最高的

成就，我們稱之爲多傑喇嘛或金剛上師。蓮師是爲了傳授金剛乘而來到我們的世界。當佛陀在印度轉法輪時，因爲眾生的根器及需要，他並未廣傳金剛乘。

在佛陀將入涅槃時，三大護主，文殊、觀音及金剛手到佛陀面前說，「請轉金剛乘法輪，以此利益雪地的眾生」，然後他們請求佛陀繼續住世以圓滿他們的願望。佛陀回答說，在他入滅後，另一位偉大的化身將會出現，爲了弘揚甚深法教，他將以不可思議的方式誕生；三大護主，特別是觀世音菩薩將要護持在西藏的弘法。佛陀以這樣的方式預告了蓮花生大士的降臨。

根據一般的歷史，佛陀未曾開示及宣說祕密金剛乘，然而在他入滅時，五位佛陀的偉大弟子聚集在焰鐵山，經由神通力，他們覺知佛陀正在入滅。這五位弟子是殊勝的持明者，他們分別來自天道、羅刹、雅刹、龍族及人道，他們悲歎地說，「現在老師已不在世上，誰來驅除無明的晦暗？誰能指引我們該修什麼以及該捨什麼？」爲了回應他們的深刻悲傷及熱誠祈請，金剛薩埵由諸佛心中化現爲金剛手，金剛手開示並解釋密咒乘給他們。不久之後，瑪哈瑜伽的法教以大幻化網十八部密續的形式，由虛空中落入印渣菩提國王宮殿的屋頂上；阿努瑜伽的法教化現在辛哈拉的大地上；大圓滿傳承第一位人道的老師喜金剛，開示及闡揚阿底瑜伽的修

行。這三大智慧續流都進入到蓮師如海般廣大的法教中。雖然蓮師深諳並精通經教，但他的開示主要是祕密金剛乘的修行道。

貝瑪

「貝瑪」在梵文中是指蓮花，藏文的發音是貝瑪。五方佛[註38]分別是佛部、金剛部、寶生部、蓮花部及事業部。因為蓮花生大士是阿彌陀佛的化身，屬於蓮花部，他的名字就是貝瑪，所以在咒語中我們稱他為「班渣咕嚕貝瑪」。

悉地吽

在咒語結束時我們說「悉地吽」，悉地指的是「一般」及「無上」這兩種成就，吽這個字是祈請蓮師賜予我們這兩種成就。一般或世俗成就指的是免於疾病及擁有所有的福報資糧等，無上的成就指的是達到蓮師等級的證量。簡而言之，這個咒語就是「**您，金剛上師，由蓮花中生起，請賜予我一般及無上的成就**」。

金剛上師咒共有十二個字母，依著我們目前的不淨及迷惑，這些字母相當於十二緣起，也就是從無明起一直到投

生，我們就是這樣在輪迴中流轉。當這些緣起及因素被淨化後，它們相當於佛陀教法的十二支^(註39)。蓮師心咒這十二個字母，是所有上師、本尊及空行心咒的濃縮咒語。

蓮師與他的咒語是不相離的，當我們持頌咒語時，也包含了他的名號，這就像我們一直重複呼喚某人，而他決不會不回應。如果我們專心一意的祈請，毫無疑問地，蓮師一定會慈悲地加持我們。

我們應該以全生命來持頌這個咒語，不要虛偽、分心或只是機械化的唸頌。如果我們唸了金剛上師心咒幾百次或幾千次，也不應該覺得自己有什麼了不起的成就。事實上，咒語的唸頌不應中斷，應該像一條持續流動的河流，而且與自己的呼吸合一。當我們持頌咒語時，應同時觀想從蓮師處接受了四種灌頂。

沒有任何持頌比蓮師的咒語更高。以不動搖的虔誠心憶起蓮師，在此唸頌中，我們應盡全力地修持。在每一節修行結束時，觀想一切眾生轉入光中，迅速向上融入蓮師心中。在唸頌銅山淨土祈請文時，我們應熱誠的祈請所有眾生都往生到銅山淨土。

二、接受四種灌頂

我們已經學習如何觀想自己是金剛瑜伽母，頂上坐著蓮師，也學了如何從淨土迎請智慧本尊，以及本尊如何融入自身。

我們已經學習了如何經由供養七支祈請累積功德，以及在持頌金剛上師心咒時，各種生起信心及虔誠心的方法。結束時，我們必須學習如何從蓮師以及他的偉大眷屬眾那兒接受四種灌頂。

「灌頂」這個字在梵文中代表剝離以及灌入，灌頂就是將無明的面紗撕開或剝離，然後將上師身、語、意的加持灌入我們自身。我們稱它為灌頂，因為經由它授權我們做特定的心靈修行，最終可以證悟，**所以灌頂是一項許可，也是一種加持。**未經灌頂的修行，就像要從沙子中炸出油一樣。我們必須先從一位具格的上師處接受灌頂，再經由上師相應法反覆增強。

要接受四種灌頂，我們必須對蓮師有著強烈及渴求的虔誠心，而蓮師將以大悲及慈愛的智慧心來回應我們。這個時候，我們可以將龍欽寧體傳承中對諸佛及上師們的祈請文包含進來；祈請文的開始是「唉瑪火！無量遍滿諸佛上……」在龍欽寧體較長的上師相應法儀軌中，可以找到這個祈請

文。在這個祈請文的最後，所有的本尊、空行、勇父、護法、聖眾等眷屬都化光融入蓮師；接著，在比之前更燦爛及耀眼的加持火焰中，蓮師成爲諸佛至高之總集。現在，我們要從蓮師處接受灌頂。

在蓮師的雙眉間，前額中央，我們觀想白色的「嗡」字，嗡字像一個水晶般，照耀出非常燦爛的白光；我們觀想自己是金剛瑜伽母，在我們的前額有一個「嗡」字，燦爛的白光由此「嗡」字進入我們全身，經過所有微細的脈，淨化一切身的負面行爲。

我們的身上有三脈，中脈以及左右兩脈，這三脈是由臍下經由五輪一直通到頂輪。在前額是大樂輪，喉間是受用輪，心間是法輪（現象輪），臍間是變化輪，密處是護樂輪。從這些輪中，許多微細的脈，像輪子的輻條一樣向旁輻射出去。在我們目前的迷惑及蔽障中，業的能量（氣）也就是將我們束縛在輪迴中的氣，就遊走於這些脈中；爲了讓我們脫離迷惑，必須淨化這些能量，將它們轉化爲智慧的能量。

當我們接受加持，從蓮師前額放光流入我們的前額，在這些脈中的所有不淨都被洗淨，同時我們接受了蓮師金剛身的加持。

四種灌頂的第一灌是「**瓶灌頂**」，一般在上師給予灌頂

時，我們觀想主尊及整個壇城都在灌頂儀式所用的寶瓶中，
壇城融入甘露，充滿整個寶瓶，我們從寶瓶中接受加持。在
這裡，我們透過光入前額，重新得到第一灌。經由此，授權
我們可以做各種生起次第的禪定、儀軌以及觀想，像是寂靜
及忿怒本尊的生起次第。經由這樣的加持，在我們心中種下
成熟為持明者的種子；持明者的意思是指心已成熟為智慧。
雖然身體依然是一個五大的皮囊，但已準備好臨終時融入智
慧身；從五道的觀點來看，這是與資糧道及加行道相關聯。
接受了第一灌，奠下了成就化身的必要善緣。

　　接下來，從蓮師的喉間，我們觀想紅色的「阿」字，燦
爛的光芒由此射出，就像是從一顆閃亮、燦爛的紅寶石所射
出的光芒；光入我們的喉間，進入我們所觀想的「阿」字。
這道紅光湧入我們的身體，遍滿並清淨我們的脈，清淨了我
們在語上一切的惡行，譬如謊言、謠言、閒話以及謾罵等，
也清淨了負面語言所依存的業風，同時我們得到蓮師金剛語
的加持。接受了第二灌，或稱「**祕密灌頂**」，通常是上師由
充滿甘露的頭骨中賜予此無死之甘露。第二灌授權我們持頌
各種咒語，同時也種下成就「壽命自在持明者」的種子。第
二灌能令身心轉為智慧，同時也奠下成就報身的善緣。

　　接著，從蓮師的心中觀想種子字「吽」，像秋天裏蔚
藍天空的湛藍色，射出燦爛的光芒，融入我們心中的「吽」

字。再一次，光芒遍滿我們的身體，同時遍及我們全身所有的脈，清淨了三種負面的心意，嫉妒、惡意、邪見，同時也淨化了支撐心意的紅、白明點。此時，我們得到蓮師金剛意的加持，也得到第三灌，或稱「智慧灌頂」。通常在接受第三灌時，我們觀想壇城所有的本尊放出無量光明，融入我們全身。這令我們得以領悟大樂的智慧，達到法身的階段，成為大手印持明者。當蓮師傳授金剛普巴的灌頂給弟子時，他在壇城的中央化現為金剛普巴。這樣一種化現為無量智慧本尊的能力，就是這個層次持明者的特徵或果報，被稱為「大手印」是因為手印代表「化現」。

現在第二個藍色的吽字由蓮師心中的吽字射出，像一顆流星，穿入我們心中，與我們的心意相融，我們全身充滿了光，這完全清除了我們身語意上一切障蔽覺醒的微細煩惱，同時也清淨了煩惱的迷惑基礎，也就是本始基。在梵文中稱為「阿賴耶」，事實上是一切習性的儲藏處，也是所有正面及負面業力的儲藏所。在兩種障蔽中，這個灌頂清除妨礙究竟知識或直觀的障蔽；這層面紗的障蔽是來自西藏人所稱的三輪概念，也就是主體（能）、行動、客體（所）。經由此灌頂，我們同時得到蓮師身、語、意合一的加持。

第四灌或稱「文字灌頂」，就是指出一切現象的自然狀態；經由此灌頂，我們就成為修行大圓滿的適當容器，我

們的內在也種下了「任運天成持明者」的種子，這令五身[40]得以任運天成，也就是蓮師本身的證量層次。這是究竟的佛境，三身的不可分割，或是法界體性身，此時我們的身語意與蓮師的身語意合成一味而無分別，然後安住於此一味的平靜中，**繼續持頌咒語**，這是稱為「親見究竟上師眞實面目」。如果我們因此了悟自心即是法身，這就等同從三世（過去、現在、未來）諸佛處接受灌頂一樣。

　　在上師相應法中有**五個層次的意義**：1.外在意義上是累積功德，這包含在前方虛空中觀想上師及其眷屬衆，心中想著所有本尊聖衆都只是上師智慧心的展現，然後向他們皈依、發菩提心及做七支獻供。2.內在意義上是淨化自己的覺受，這包含了觀想上師在頭頂，然後接受他的加持。3.在密意上，是令自己的智慧刹那現起，這就是觀想上師在自己心中。4.最祕密的意義上，就是認識到本尊就是自己，這就是觀想自己爲本尊，了悟到自己身語意從未與上師的身語意分離過，而自己現起爲本尊。5.究竟的意義上，也就是究竟空廣而不受概念及條件之限，然後無勤（不需用功）安住於此不可思議的光明智慧中。

三、臨終時的轉化

在四灌頂之後，而在結束修行前，我們唸以下的祈請
文：

> 此生面臨終了時，
> 我乃金剛瑜伽母，
> 轉爲燦然光明圈，
> 得與蓮師無二融；
> 願己成佛大樂境，
> 自顯殊勝阿亞山，
> 無二化現之佛土。

這指的是臨終時刻，此生的一切現象及覺受都消失了，
而下一世的現象及覺受正要開始。在不自覺的情形下落入死
神之手，我們無法確定自己在未來世是否不會遭遇大的痛
苦，因此我們應熱切地向蓮師祈請：

> 蓮師，在此臨終時刻，
> 請以大悲眷顧我；

若您無法持續地關愛，

我將無法由輪迴迷惑中解脫。

　　在我們向蓮師虔心熱烈祈請時，仍然觀想，自己是金剛瑜伽母，這時蓮師以大愛的眼神看向我們，同時面帶微笑。從蓮師的心中化現出溫暖的紅光，就像旭日般，充滿大樂慈悲的加持，融入我們自己的心。這道光芒，就像邀請及引領我們去殊勝銅山的使者，我們融入光中，然後從頭頂及腳底逐漸消融至自己的心中，然後成為一顆燦爛的小紅光圈，接著射上虛空。這個紅色的光球，就像我們虔誠心的精華，向上跳躍進入虛空並融入上師的心，而蓮師自身就像彩虹般消失於虛空，融入光中而與究竟的廣大合一。然後，我們安住於無二的狀態中，在上師心與己心無區別下安住。如果可能，我們應住於此自然的純樸中，不追逐念頭也不壓抑念頭。在所有上師相應法的結尾中，這是最高的，也是臨終修行「頗瓦」，也就是轉識的修行中最深及精要的。如果我們突然或毫無預警的面臨死亡，應當清晰地觀想自己上師的心，而我們的心與上師的心相融。

　　這是上師相應法的圓滿次第，接著，我們唸頌最後一段祈禱文：

由心底深處向您祈請，

非只口說；

由您心中的廣地賜予加持，

令我一切心願得以圓滿。

　　蓮師的心和我們自己的心合而爲一，我們在樂空無造作的狀態中安住片刻，這也是自然純樸的上師心。

　　當我們從這樣的狀態中起座，應覺知一切現象都是上師的化現，一切聲音爲咒語，而一切念頭都是智慧的化現。接著，我們以大愛及慈悲，將修行的功德回向給一切眾生，同時將此修行中的了悟帶入一切自己的事業中。我們可以用龍欽寧體前行法長軌中的回向文。

　　一般說來，任何時刻我們都應一再爲所有眾生做廣大的祈請：

願上師們長久住世遍傳佛法

願我能利益無量眾生及法教

　　在入睡時應思維「願一切眾生達到究竟境界」；醒來時應想「願一切眾生在證悟狀態中覺醒」；在起牀時應想「願一切眾生得佛身」；在穿衣服時應想「願一切眾生虛心

及知恥」；在點火時應想「願一切眾生燃盡煩惱之木」；吃飯時應想「願一切眾生食用三摩地的食物」；開門時想「願一切眾生開啟解脫之門」；關門時想「願一切眾生關閉下三道之門」；出外時想「願我路上解脫眾生的道路」；上坡時想「願我引領一切眾生前往上道」；下坡時想「願我引領眾生離開下道」；見到快樂時想「願一切眾生達到成佛的快樂」；見到痛苦時想「願一切眾生的痛苦得以撫平」。據說，我們對眾生未來的利益，全賴我們在修行道上祈請的程度來決定。

在這所有的祈請文中，有一篇是由龍欽巴尊者所寫的：

生生世世，無論出生於何處，
願得上道七功德；
出生得遇佛法，具足閒暇修正法，
令上師歡喜，願日夜修法；
對法了悟且達其根本目的，
在該世願渡脫生死之海；
弘揚正法於世間，
願永不倦怠於利他成就；
經由無偏利他之巨浪，
願一切眾生同登佛境。

在修行的時候以大願伴隨回向是非常重要的。

卷二、將修行當作生活的一部分

　　一般來說，談到「佛法修行者」一詞，我們指的是一個人，能夠面對任何狀況，不論好壞，甚至能夠把最壞的經驗拿來當催化劑，幫助他在修行道路上進步。人生的遭遇應當讓我們更清楚地看待修行、經驗和領悟，我們應當了解，所有遭遇，不論正面或負面，都是修行道上的開示。

　　不論是好的和壞的經驗，都可能使障礙生起，這些障礙永遠不能改變我們的心意，或者征服我們。我們要像大地一樣，不去分辨好壞、有利或不利，而同樣地養育所有眾生；很單純地，大地就在那裡。當修行者面對困境，應當運用這種困境作爲加強修行的機會，這就像是強風不但無法吹滅大火，反而會加強火苗，讓火燒得更旺盛。

　　如果我們面臨不幸，像是碰到不良影響，被人辱罵或批評，甚至被丟到牢裏，我們不應當想「我一直都在向三寶祈請；我不應得到這樣的待遇」；我們要了解，所有這一類的困難都是因爲在過去世不斷傷害他人的結果。我們要忍受這種苦難，心想：「願其他所有眾生，因著他們過去世累積一切惡業所帶來的痛苦，透過我的遭遇，集中在我身上，並在我身上耗盡」；要永遠了解，困難的狀況其實是蓮花生大

士善巧方法的示現，以此方法給我們機會淨化自己的負面業力。

　　於是，我們要快樂地接受任何痛苦或批評，心想：「這是因著上師偉大慈悲才降臨我身上的」。舉例說，有許多西藏人，過去二十五年在西藏被囚禁，權利被剝奪，日子極為困難，但他們能對上師有著偉大的虔誠心，對佛法修行的熱誠從未動搖，極度受苦的經驗反而把他們的心轉向法，同時加強他們修行的決心。

　　如果碰到幸運的狀況，我們永遠不應當執著，反而將它們視為夢或幻影。如果得到財富，住在美麗的大房子中，不應該認為自己重要或偉大；我們更不應該囤積財富，或者想要住得更華麗，也不應當在乎名利。事實上我們應當了解，任何發生在自己身上的好運都是因為上師的慈悲。當我們獲得任何財富，或成就某些偉大的事情，永遠不能忘記，這個世界上一切無常——經文中說：「所生的必死，所聚集的必散，所累積的必耗盡，所有高的將會被拉低」。

　　遇到順境，應當心想：「願自己現在所有的財富能夠分配給一切眾生，願自己所有現在的財富能夠供養給蓮花生大士，願自己衣食溫飽就能滿足」。事實上，要維持自己是很容易的，只需要足夠蔽體的衣服免被風吹雨打，也不需要過多的食物就可以了。就像過去的聖人一樣，我們若有機會到

山洞中或獨自閉關的地方居住，應當感到滿足。

　　所有過去偉大的聖人都曾住在山洞中，與野獸為伴，這是因為他們能從心底深處轉向佛法。他們放下一切，以流浪的苦行方式來修行，這樣一位出離者的心充滿了法，法的念頭引領他到岩洞中獨居，而死亡的念頭持續激勵著他的精進，我們應該儘可能地學習這樣的心態。

　　如此一來，我們甚至可以防範將順境變成為自己修行的障礙；否則，有些佛法修行者得到一些名聲，就開始認為自己是老師或喇嘛，這樣的想法會讓他們認為自己應該吃好的，穿貴的，以及有更大的名聲等。當情境真的如此時，執著及我慢就加強，而完全忘了修行的原始動機，這是行不通的；視有利的情境如夢如幻，可以避免此類過失而加強我們的修行。

　　我們可以用同樣的方式看待自己修行狀態的改變：如果修行本身遭遇困難，比如說昏沈、念頭狂野，以及觀想不清等，我們應利用這個機會來培養純淨的覺受；也就是說，不以一般凡夫的覺受來看待自己的環境及其中的有情眾生，而將他們視為銅山淨土，其中住滿了空行及勇父。同時也代表著，一切顯現就是蓮師，一切聲音是蓮師的心咒，而一切的念頭都是蓮師智慧的化現。

　　當我們在修行中很幸運地有著清晰的覺知，以及好的修

行體驗，我們不應該想「啊！我變成很高的修行者，我應當成為一位老師！」我們毋須太重視它，而在清新生動的當下覺知中歇息，沒有目的也沒有執著。

　　簡而言之，無論我們得到的是財富、名聲、食物、衣服或心靈體驗，我們內心中都不應該生起執著及攀附。如果有這樣的感受時，我們應靜靜地安坐，然後吐出三濁氣，同時想著貪、瞋、癡伴隨著濁氣被驅離，然後憶起這些暫時性的成就是如何的無意義及快速消逝。

　　過去佛陀出生在印度，修行而後開悟，在許多地方他轉動法輪，令數以千計的阿羅漢得以了悟，這些聖者可以在空中遊走並示現許多神通。今天，這些不可思議的事蹟除地名外，未留下任何蹤跡。稍後，佛法傳到西藏，迅速地生根並被弘揚，因此產生許多偉大的聖者，而他們又將偉大的法教傳承下去。今天所有這些偉大的聖人都到了淨土，而不曾留下任何痕跡。憶起這些，我們必須領悟，無論我們得到或達到的是什麼，都非實質或實在的。我們永遠不應渴求世間事物或法上的成就，而應當在全然無執著的狀態中安住。

　　偶爾，我們在現實中或在夢境中遇見狂野精怪或麻煩製造者，受到他們暴力的影響及接受到負面能量。如果這類情境發生，就算在夢境中，我們不應想要去消滅這些精怪，而應當省思這些障礙的製造者，過去世曾經是我們的父母。雖

然父母親曾經照料養育過我們，但現在卻要傷害我們，這必然是自己過去世的負面行為所造成，我們應該對他們生起大的悲憫心。

如果他們看起來是要傷害我們，我們應該將此詮釋為一個將自己蔽障清淨的機會。如果我們能將一切逆境視為自己上師的化現，那麼身體上的疾病、障礙，以及心意上的痛苦都可以被當成修行之道；以這樣的方式，我們可以淨化自己的惡業及其所帶來的苦果。如果能保持這樣的態度，這樣負面力量將無法造成任何真實的障礙。但是，如果我們將這一切逆境視為敵人，認為我們必須摧毀它們，那只會讓事情更糟糕。

現今由於眾生的念頭狂野及散亂，許多人經驗到各種負面的干擾，這都只是他們自心所造。如果他們能了解到這些經驗是上師所給予的禮物，經由這些歷練可以讓他們在修行道上進步，不將它們誤解為外在影響；如果能專心一意向上師祈請，同時對他們所認為的邪魔能心存慈悲，那麼他們就不會受到任何傷害。

倘若我們受到這樣的負面能量所干擾，應當檢驗它們存在的本性為何；我們應該探討它們是否具體或有形的，是否可以用手摸或用棍子打。如果這樣一種負面能量是存在的，它們住在哪裏？起源於何處？什麼樣的因緣令他們產生？心

中帶著這樣的分析，我們專心一意的唸頌金剛上師的咒語，然後想：「經由蓮師的慈悲願，這些靈界眾生遇見的都是善法及有利益的法教，也願他們不會傷害他人及自己，願菩提心妙寶在他們心中生起」。

以大悲心將這些靈界有情的覺知，與自己的心及蓮師的覺醒心相融，尤其會有利益。當我們了解到一切現象就是上師智慧的化現，那麼就連「障礙」這個詞都會消失。

無論發生什麼事，我們永遠要保持純淨的見地，視一切現象為完全純淨，永遠別讓自己的心偏離淨見，不要讓自己有絲毫不淨的覺受。我們永遠要將自己所在的地方視為銅山淨土，而其中一切的有情生命，不論多微小的昆蟲或是我們的朋友及親戚，視他們為空行及勇父；一切所聽聞的，就是金剛上師不中斷的咒語。

坐著的時候，應想上師在自己頭頂，然後對他有虔誠心；走路時，應永遠感覺到蓮師及其淨土在我們右肩上方，而我們尊敬地在繞行。我們應想，不是只有一個銅山淨土，在蓮師身上每一毛孔中，都有著數十億蓮師的淨土，每一淨土中都有著蓮師及其隨行眷屬。

在我們吃或喝東西之前，應先觀想它們轉化為純淨的甘露，然後將此甘露的第一部分供給住於喉間的上師；然後，我們應想自己所吃的或喝的（供養所剩下的部分），是讓我

們賴以維生的加持，如此令我們消除對食物的攀附與執著。

晚上睡覺前，白天安住於我們頂上的蓮師，現在進入我們的頭部，然後緩緩下降到心間，安坐於一朵燦爛微開的四瓣紅蓮花上——這朵蓮花非常明亮、透明且生動。然後，蓮師放射出無量的光芒，充滿我們全身以及整個房間，燦爛光明擴大充滿全宇宙；當整個宇宙因此而轉入純淨光明時，我們在純樸中歇息，保任在覺性中。之後，當我們感覺要入睡時，應該觀想外在宇宙的光融入自己，接著我們化入光，融入蓮師，此時像拇指般大小的蓮師化爲光，然後融入虛空。

接下來，我們應該在廣大究竟的明空遼闊中安靜歇息，因爲入睡時與死亡的過程很相似，因此這個修行對於我們臨終的準備來說是很重要的。

倘若我們醒來發現自己在夜間無法保持這分光明，我們應當熱切地向蓮師祈請：「願我能覺知光明！」單純的安歇，然後入眠。如果我們的心不安靜而念頭狂野，讓我們無法入眠，我們應當了解到這些念頭無生、無住處，也無滅。倘若我們不受念頭干擾，我們應單純而無散亂地在自然狀態下歇息。如果夢境生起，我們應當儘量試著認知自己在作夢。

早上醒來，我們應當觀想前方虛空是蓮師及其隨從眷屬衆，環繞在蓮師周圍的空行及勇父，以金剛上師咒語及天籟

充滿整個空間，將我們從睡夢中喚醒。起牀時，應該想我們正踏入銅山淨土，住在那裏的都是空行及勇父，而我們自己是金剛瑜伽母，從無始以來到現在都非杜撰的眞實存在。

我們以虔誠心及嚮往心呼喚上師：「喇嘛千諾，喇嘛千諾！」意即「上師知，上師知！」蓮師一直安住於我們心中的紅蓮花，現在這朵蓮花盛開，而蓮師現出上升到我們的頭上，我們不停地向他懇求：「願我的心轉向法，願我在修行道上的佛法增長，也願一切幻化的現象轉爲智慧。」

我們應當盡量做這個修行，直到自己的心滿懷對上師的憶念；無論我們是在吃飯、睡覺、走路、或坐著，對上師的念頭應該一直鮮明的保持著——僅僅認識上師和得到某些簡短的忠告是不可能有成就的。上師不僅僅存在於外，而是一直存在於自心的覺醒本性中。

蓮師說「我從未離開具虔誠心者」，如果我們認爲上師是一位有著血肉的凡夫，就很難生起修行所需的強烈虔誠心，因此我們應當看待上師如蓮師不變智慧的化身，他的全知智慧遍滿三界，就算同一時刻百萬衆生向他祈請，蓮師也能準確地知道是誰在祈請。

修行道上的核心就是虔誠心，如果我們的心中只有上師，同時心中除了強烈的虔誠外別無其他，那麼一切事情都可以被視爲上師的加持。如果我們能單純的帶著此虔誠心修

行，這就是祈請本身。

當一切念頭都浸潤著對上師的虔誠心，自然就會有信心來面對所發生的一切事。一切形象都是上師，一切聲音都是咒語，一切所生起的粗糙及微細念頭都是虔誠心。在究竟本性中，一切事情都自然解脫，就像虛空中所打的結，這是最高的上師相應，也就是了悟到上師是三身的不可分割。我們無需依賴生起次第，也不需依靠閉黑關、空觀或持氣入中脈，就可以達到此成就。只需透過這一種修行，所有其他的修行都會融入到專一的虔誠心，就像貢贊巴尊者及其他偉大的聖者們，他們日夜安住於專一虔誠心的狀態，經年累月的如此做，連饑餓和口渴都不會注意到。

帶著此熱烈的虔誠心，除對此生的引誘感到厭離外，別無其他，如此就不會為世間事所分心。了解到行為所帶來的果報，我們就不會造惡的行為。所有求取個人解脫的心願都已了結，我們不會落入下道。看待一切現象為本尊及大樂，我們不會落入凡夫的覺知。將一切視為上師，將自己全部的心念都匯聚於對上師的熱烈虔誠心中，我們就不會落入邪見。這樣一來，自然就會有出離心及心不散亂，一切所應捨棄的都會自動消失，禪定及禪定後合而為一，而究竟本性即自身的智慧覺性就會顯現。

我們應該持續修行淨見，直到我們自然地看到宇宙及一

切有情眾生都完全純淨及圓滿。特別是不論心意活動是向著外在現象，還是內在的印象，我們都應該認出它們的本性，然後令它們自然解脫。我們應避免沈溺於回憶過去的事，當這些念頭生起時應即刻看穿它。如果我們不檢查念頭，那麼像是戰勝敵人的記憶，或是沈醉於賺錢的企圖，又或是一直想著要重複過去的成功，這將引發許多念頭，就像風吹湖水創造了無盡的漣漪。如果讓自己迷失在貪、瞋、癡、慢、疑的記憶中，就會讓自己更牢固的被迷惑所綑綁；就因為這些狀況的罣礙，所以會造業以及持續受苦。

當念頭生起時，只要知道它生起了，同時要記得它沒有來處、住處及去處，不會留下任何痕跡，就像一隻鳥飛過天空不留下任何痕跡。就是這樣，當念頭生起，我們可以令它在究竟的遼闊中解脫；當念頭不生起時，我們應當在自然狀態的開放單純中歇息。

簡而言之，不論我們做什麼事，永遠不要與蓮師的鮮明記憶分離，由此可以得到大利益；除此以外，我們一切的行為都應為利益天下廣大眾生而回向。心中懷抱他人，是修行的第一點，也是生起珍貴菩提心的基本準備。

在正行中，一切所做都應伴隨著空性的領悟，而我們的心應專注於修行上，這是第二點。如果我們在此修行的初期無法生起對空性的了悟，那我們應努力地專注於蓮師，絲毫

不令自己的心落入負面情緒。

最後也就是第三點，在結行時應做功德回向，將自己在修行時以及所累積的一切功德，爲利益所有眾生而回向。

這就是大乘無上三**要點**：1. 前行的預備，可以讓自己的修行有最究竟的成就；2. 正行的主修，可以保護我們的修行不入歧途且無障礙；3. 結行的回向，可以保證自己修行的利益無量增長。

倘若我們已有專注的能力，那麼修行上師相應法的困難並不大或是沒有困難。但，如果對於心沒有正確的訓練，或是沒有培養大乘的功德，卻堅持只願修持大圓滿，這對我們是無助益的。大圓滿的見解頗高，而此時我們的心續頗低，就像一個兩三歲的小孩缺乏成年人的經驗、能力及理解。倘若在我們所有的生命中都能記得上師的指導，那麼上師將不會放棄我們，然後我們的內心會逐漸對不同階段的修行道路，發展出正確的了解。

爲了確保上師永遠與我們同在，我們必須持續修行。如果認爲修行幾個月或一年，就足以成就，這對我們沒有幫助；我們應該從此刻起一直修行到最後一口氣。如果我們希望在面對死亡的恐怖及困難時刻能保持信心，這樣的精進修行是有必要的。我們應該問自己，當死亡來臨時，我們是否能記得上師所有的指示；就算記得，可能也很難在受著死亡

之苦時修行這些指示，除非我們一生都在持續的修行。

　　一位佛法修行者，應該能夠面對任何情境，不應在好的時候趾高氣昂得意，或壞的時候心情沮喪。無論好或壞，都能超越期望及懷疑，我們應憶起上師。快樂和悲傷、喜悅和痛苦，它們本身沒有任何東西可以成為修行道上的助益或障礙，我們如何看待這些經驗，才是自己修行真正的見證；這就是此上師相應法的真實要義，也是它主要的修行。如果我們盡全力如此去修行，也就沒有所謂的「更深」開示了。

　　如果是以繁複的常軌來修，生起次第的觀想有四種，它們與四種投生的淨化有關（胎生、卵生、濕生及化生），而本上師相應法是這一切的精華，所以不需要這些繁瑣的細節。生起次第的其他方面都包含在上師相應法中，雖然沒有一一分開來說明。譬如「清晰的顯現」就是本尊的清楚觀想；「純淨的正念」指的是了解到本尊的所有象徵意義（如：一面象徵究竟本性是同一個，二臂象徵方法及智慧）；「佛慢堅固」指的是完全的信心及信念，從無始以來我們即是本尊。

　　僅只清晰鮮明地觀想自己根本上師一剎那，利益即遠大於對其他百千本尊的觀想。本上師相應法也是圓滿次第的精華，在圓滿次第中有**六瑜伽**：1.「拙火」即內熱，也就是修行道路的根本；2.「幻化身」是修行道路的基礎；3.「夢瑜伽」

是修行道路上進步的測量；4.「光明」是修行道路的要義；
5.「中陰」是在修行道路上持續修行的邀請；6.「頗瓦」即轉
識，這允許我們穿越修行道上所殘留的部分。

　　在上師相應法中，這一切修行都必然會開展。內熱及幻
化身的修行是和上師的金剛身瑜伽相關；夢及明光修行則和
上師金剛語瑜伽相關；中陰及頗瓦修行則是和上師金剛意瑜
伽相關——這就是為什麼上師相應法是圓滿次第的要義。

　　如果我們渴望能了悟到廣大的觀點及更深的內觀，那
麼，

　　　　了悟到自己本有智慧，是因著功德累積、障礙淨
　　　　化，以及開悟上師加持的結果；除此外之一切方法
　　　　皆無意義。

此外，

　　　　欲尋超越理性外之智慧，若不向上師祈請，
　　　　就如在洞中面向北方等待陽光照耀，
　　　　將永無法領悟現象及自心乃同一個。

　　上師相應法是了悟一切事物自然狀況的究竟方法，如同

法本上所說「自然狀態之核心」。「核心」這個名詞指的是隱藏的精華，它不明顯，卻是一切的心臟。有無數關於生起次第、圓滿次第及大圓滿的開示，但它們全部以濃縮的形式存在於上師相應法中。上師相應法就像一個鏈環中最主要的連結，將所有的開示連結起來。一個很容易做的修行，沒有真正的困難或走上歧路的危險，同時能引領至最高的成果。就像一個精密設計的機器，可以在一小時內完成上百勞工的工作；這兒則是一個單一的開示，集結所有其他的開示；沒有任何一個開示，不論多深奧，不包含在上師相應法中。上師相應法是令我們修行進步，以及去除障礙最主要的方法，它是那個「能成就一切的法」。

技術上來說，上師相應法是前行預備法的一部分，事實上它是正行的核心。在佛法的不同傳承中，無論寧瑪、薩迦或噶魯的修行，沒有一個不以上師相應法作為最主要的基礎。

在薩迦的傳統中，著名「道果」的開示，也就是同時修行「道」與「果」，我們同樣會看到一開始先修行「上師相應的甚深道路」，其中我們接受上師身、語、意的加持或灌頂，然後再對上師修禪定。噶舉傳承，也因強烈虔誠心的修行而著名。修行佛法而沒有虔誠心，就像沒有頭的人。無論我們修行多少種不同的法門，如果缺乏虔誠心，也就是缺乏

對上師尊敬的熱誠，無法讓我們看待他是一位眞正的佛，那麼我們無法有內在的體驗及領悟。

　　偉大的噶當派老師賈瑟峨邱督美，除了觀想自己的老師阿底峽尊者爲眞正的佛外，沒有任何的其他修行；他一生都以身、語、意來服侍上師。在噶當派最著名的開示「修心七要」中，第一步就是上師相應的修行。在所有不同的教傳(註41)或是伏藏傳承，以及寧瑪派的傳統中，沒有一個法門或修行不以上師相應來開展。

　　與生起次第及圓滿次第修行不同，上師相應法可以隨時修行，比如在修行生起及圓滿次第時，有很多關於身姿、語言及心意的重點要注意。在做生起次第的閉關時，我們必須在一天中將修行分爲四個特定時段，同時必須設置壇城並做水、花、香等外供，以及食子、甘露等內供。但是，上師相應法可以在任何時間以及任何情境下修行，而且是經由上師相應法，才可能得到生起次第的所有成就。

　　在圓滿次第中，內熱的修行以及各種身體的運動練習，像是「大寶瓶」及「持氣」，有時會有著障礙及偏差的危險，特別是強化了「心氣」或「心能量」的危險，以及因著這種強化所帶來的「心」干擾。而上師相應法，不會有這些危險，同時經由上師相應，各種「氣」將自然帶入中脈，就像吃飯自然立即驅除饑餓，修行上師相應法能讓我們悟到內

在的本有智慧。

　　在睡覺時、醒時、走路及工作時，或做任何事都應該向上師祈請：「上師知，請慈悲地眷顧我！」如果我們一直保持這樣的渴求及虔誠心，那麼我們的心將變成適合接受上師加持的容器——「當心準備妥當，上師不再安住於外」。如果在聽聞上師的開示並且以他為依止後，我們隨時能清楚記得該如何取捨，同時對自己的言行及念頭能保持警惕，這樣一來我們就算準備妥當。帶著這樣的知識，我們應該有決心，就算在夢中也不要做任何一點負面行為；同時，就算最微不足道的正面行為也應培養，這就像把一個大容器放在涓涓細水底下，它可以在很短的時間內就裝滿水。如果在修行道上能多重視正面行為，就可以迅速進步；如果無法有這樣的正念覺知或妥善的心，我們有可能會屈服於惡習以及負面傾向的力量，也因此忽略什麼是正面的。

　　我們同時必須建立一種「留心的內觀」，如此一來，我們從早到晚都能察覺自己的行為。如果知道自己在做負面的行為，應該想「看看我！我已經從慈愛的老師那兒接受如此多的法教，可是我仍然墜入負面的行為，在上師的面前我應感到難為情」。然後，我們應該做一個清楚而由衷的懺悔，接著生起一種不動搖的願望，從這一刻起只做正面行為。如果一天中正在累積正面行為，應該記住以三**要點來加強**：

1. 前行或生起菩提心，此處指的是爲利益一切衆生而發願；2. 正行的部分，即對空性的了悟伴隨專注；3. 結行，爲利益一切衆生迅速解脫而回向。

　　從以上這些討論的重點，我們了解到「正念」及「留心的內觀」就是內在上師及眞正的根本上師，而不是像我這樣，一個穿著袍子在法座上睡覺的人！如果我們恆時保持正念及留心，我們將毫無困難地累積正面行爲和揚棄負面行爲。

結語

　　上師相應法是八萬四千種法門的精華，沒有比這個更深更廣的。你們所有幸運的弟子，應在心中珍惜這個法教，就算到了八十歲，也應像巴楚仁波切，每天早上一定透過上師相應法生起信心。蔣揚欽哲汪波對八大傳承透徹了解而嫻熟，他不只對此八乘^(註42)具足完全的知識，同時也修了所有的法，然而他最主要的修行則是龍欽寧體的上師相應法。他總是不斷地向蓮師祈請，他認為這個上師相應法雖然容易修且易於體驗，也是最深奧及最高殊勝的修行，他不停地將此傳給他的弟子。

　　在大圓滿中有許多非常高的修行，像是「立斷」及「頓超」^(註43)，但在我們這個階段要修行這些法就像小嬰兒吃硬食物一樣，他將無法消化這些食物，而這些食物只會傷害這些嬰兒。倘若我們現在想要修這些高深的法教，只會浪費這些法教。另一方面，經由真正精進修行上師相應法所帶來的加持，大圓滿的了悟會由我們生命的深處自然現起，就像旭日般，而立斷及頓超的修行意義將在我們內心中現起。我們不應該想，因為這個上師相應法很短，所以是一個次要的修行，就像上師給我們的是幾小口食物而已。並非如此，這是所有修行中最重要的修行，誠如吉美林巴在此法本中所說

「本上師相應法開啓此重要伏藏之虛空寶藏」，它是由吉美林巴的廣大遼闊證量中生起。如果我們對他有信心，也應該對此上師相應法有信心；不具備如此的信心，任何其他甚深之教法，像「無上智慧」^(註44)將無助益。如果一心專注修行上師相應法，同時不將它視爲次要的法教，那麼最高的了悟將自然現起。

這個上師相應法被認爲是「外在的修行」，但這決沒有輕視的意思。比如說，語言及意念依賴人身這個「外在皮囊」，否則很難在修行道上有任何進步；同樣地，上師相應法涵蓋了整個修行道路。現在許多人似乎認爲他們應該找尋更高深的修行，其實應該想到最偉大的老師在他們的生命中都以「上師相應法」作爲自己主要的修行。

如果我們修行生起次第，前面已提過我們必須清晰地觀想，必須記得所有的象徵，而且我們必須深信自己是本尊。此外，我們必須專注於各種不同的咒語持頌，如「進步咒」、「成就咒」以及「大成就咒」。在我們有成果前，必須經年累月堅忍不拔地，累積成千上萬的咒語，除此以外還有四種事業^(註45)。如果不能眞實而圓滿地修這一切，就無法經由生起次第而得到一般及無上之成就。

同樣地，我們必須長期修行圓滿次第，如果修得不正確還會有危險；但是在上師相應法中，如果我們具有信心，上

師的慈悲及智慧將很容易引領我們到達究竟證悟。

此上師相應法是由蓮師親自授予的，正如龍欽寧體的預言所說，「中央寒林宮殿中，蓮花顱鬘上師將授予此開示，以象徵方法賜予加持」。

「中央寒林宮殿」就是「心如是」的光明，而「蓮花顱鬘」的意思是「頭顱花環的蓮花力量」。蓮花是蓮師的名字，而他所戴著的頭顱花環代表一切妄念止息，以及全然覺醒的勝利。法本中這段話，也代表著吉美林巴的內在證量已和蓮師相等。

前面已經提到，在有關龍欽寧體的預言中清楚地指出，所有與這法教結緣的眾生，特別是修行這個上師相應法及其正行儀軌持明總集者，都將到達銅山淨土。我們應有堅定的信心，並且專心一意地修行。如果我們能像這樣地修行一年，卻還沒有任何特殊的體驗，我們不應氣餒，也不應對此修行產生懷疑，誠如密勒日巴尊者所說，「不要期待即刻的了悟，而應終身的修行」。

如果我們以全然的決心思維「直到埋葬此身，我會一直的修行」，那麼修行道上的證量及體驗都將自然生起；否則，沒有耐性的短暫修行，是不可能有這些體驗的。「佛法只屬於那些對法堅忍不拔的人」，任何有決心修行的人，法就在那兒，隨時等待著被運用。

內文註釋

1. 輪迴：生死無盡的流轉，包含充滿了痛苦的此生。

2. 伏藏者或尋寶者：蓮花大士的化現或蓮師某些弟子的化身，在西藏及其他地區，蓮師授予他們灌頂及開示；每一次他會授權其中一位弟子爲該法的持有者，並且預言這位弟子的來世，同時也會指出在何種情況下他們會再度尋獲這些法教。蓮師將法教以空行母的文字，隱藏於岩石、湖泊裏，而且囑咐一位護法來守護這個法教。其後，當此法教利益衆生的時機成熟時，在淨見中或某些徵兆中，伏藏者將被告知如何可以尋獲這些法教。「心意伏藏」並不是出土的有形法教，它是經由蓮師加持後，在伏藏者心中自然現起的法教。

    第一位伏藏者是桑傑喇嘛（1000？-1080？），而五位如王者般的伏藏者就是年果寧瑪歐塞（1124-1192）、裘旺上師（1212-1270）、多傑林巴（1346-1405）、貝瑪林巴（1450-？），以及貝瑪歐塞督阿林巴（蔣揚欽哲旺波，1820-1892）。

3. 持明吉美林巴（1729-1798）是大班智達毘瑪拉密扎、吉松德眞國王、教塞拉傑以及阿里班禪貝瑪王傑（見註9）的

化身，同時也是持明曲傑林巴，又被稱爲達波羅吉林巴
（1682-1725）。伏藏大師裘旺上師（1212-1720）、桑傑
林巴（1340-1390）、曲林及其他偉大的伏藏者曾預言他
將化身於此世界。

孩童時代的吉美林巴曾在淨相中見到許多過去的偉大上
師，六歲時進入聖山寺廟，法名爲貝瑪欽哲歐塞。十三歲
時遇見他的根本上師，持明鐵曲多傑賜予他最精要的成熟
開示。吉美林巴的晚年曾有無數次在淨相中見到自己上師
的經驗，他從許多的上師處接受教傳及岩藏的法教；由於
內在證量的緣故，他不需要太努力就能理解並傳達佛法全
部的教義。二十八歲時在「唯一明點」的關房裏閉關三
年，關房就在離聖山寺廟不遠處，修的是卓度林巴的「解
脫明點文武百尊」，這也是他主要的修行，而他獲得了許
多成就的徵兆。當他在修馬頭明王的禪定時，馬頭明王
頭上的馬嘶叫，接著蓮師顯現並賜給他法名爲「貝瑪王
千」，然後在淨相中他尋到「龍欽寧體伏藏法」。在桑耶
寺上方青普的「花洞」中又閉關了三年，此後，依據才那
措然卓（1608-？）的預言及淨相，他去到離松眞岡波國
王在瓊耶陵寢不遠處的才仁烱的地方，建立了貝瑪俄塞鐵
卻曲林閉關房；無數的弟子由西藏及鄰近國家到此處修
行。他的主要弟子包括了吉美春雷俄塞、吉美教威紐固、

吉美龔卓、吉美果恰等等，將他的法教弘揚到中國、不丹及印度。

一直到今天，龍欽寧體能成為最廣泛的修行之一，這都是因著吉美林巴的慈悲及祈請。他的伏藏教法及其他的著作被結集為九卷，其中包括了將佛法修行精要濃縮而成的「功德藏」。在七十九歲圓滿了利益眾生及法教的願望後，他離開這個世界去到蓮花光淨土，離開時展現許多不可思議的徵兆。他的立即化身是蔣揚欽哲旺波（1820-1892），這是他身的化現；巴楚烏金吉美曲吉旺波（1808-1887）是他語的化現；督欽哲耶喜多傑（1800-？）是他心意的化現。蔣揚欽哲旺波及督欽哲兩人相合的化現共有五位主要的化身，其中蔣揚欽哲曲吉羅卓（1893-1959）及頂果欽哲仁波切(1910-1991)展現出無盡及全面的弘法利生事業。

4. 烏金：第二佛，蓮花生大士，依據釋迦牟尼佛的預言，由阿彌陀佛的心中化現，奇蹟似地以八歲孩童身形出現在一朵蓮花上。蓮師教導九乘全部的法教，包含各種密續；佛陀只有在非常稀有的時機才會傳下這些密續的教法，而且只傳下一般凡夫所能理解的程度。

5. 耶喜措嘉：卡干地方的公主，聖度母的化身，後來成為蓮師最重要的弟子及明妃；他將蓮師大部分的教法寫下，同

時將此教法隱藏起來成為伏藏法。

6. 鐵裘林聖山：是由伏藏者全波雪瓦歐塞（1517-？）所創建的寺廟，位於中藏三耶寺西南邊的雅龍山谷中。

7. 文武百尊：代表世俗一般內外現象及覺受的純淨面相，比方五蘊（色、受等）是五方佛中的佛父，而五大元素（地、水等）是五方佛中的佛母。

8. 文殊友：大圓滿或阿底瑜伽的傳承，是源自於原始佛普賢王如來，接著傳到金剛薩埵，然後到第一位人道的上師極喜金剛，再傳至文殊友。文殊友遵照文殊菩薩在淨相中指示，見到自己的上師極喜金剛，然後跟隨並事奉他七十五年。當極喜金剛融入虹光身時，文殊友在絕望中非常痛苦，極喜金剛的手在虛空中顯現，同時將一個盒子落入文殊友的手中，在這個盒子中藏著最精要的開示「三句擊要」。文殊友是吉祥獅子的老師，而他就是蓮花生大士及毘瑪拉密扎的老師。

9. 阿里班禪貝瑪王傑（1487-1542）：是吉松德真國王五個伏藏者化身之一，同時也是「三律儀決定論」的作者；這是一本介紹聲聞、菩薩及密咒等三種戒律的典籍，同時也說明這些戒律之間相互依存的關係。

10. 多傑卓羅忿怒蓮師：在不同的場合，蓮師化現為八種不同的面相，也就是眾所周知的蓮師八變；其中的忿怒蓮師，

通常是騎在一隻母老虎上，這是為了調伏負面能量，或是為了在巴羅達桑及其他地方埋下伏藏法時的化現。

11. 多傑列巴大護法：在寧瑪巴的傳統中，與一髮母，及雅火拉並列為三大主要護法。

12. 本尊：在三根本中（上師、本尊、空行），本尊是修行成就的根本。本尊可以是祥和或忿怒的，周圍可以有也可以沒有眷屬眾及壇城的環繞，修行者依此而禪定。大護法多傑列巴所說的句子是來自「心願任運成就」的祈請文，這個祈請文是在持明固滇的伏藏法中所尋獲的。

13. 殊勝銅色山：是在西南方向小洲上，是蓮師的淨土。

14. 舍利塔：尼泊爾的著名大佛塔，是由一位養雞的婦人和她的四個兒子所建造，為了要將卡謝巴佛的舍利保存起來而蓋了此座大塔。在蓋完了這個大塔後，經由他們祈請的力量，這四位兒子轉世為蓮花生大士、寂靜護大師、吉松德眞國王，以及巴米崔雪（一位信佛的部長）。

15. 空行母：也就是陰性的面相，代表空性智慧。空行母的字面翻譯就是「虛空行者」，指的是遊走於智慧廣界的天空中。

16. 吉松德眞國王（790-844）：偉大的法王從印度邀請了寂靜護大師（一般稱為大菩薩）及蓮花生大士，在西藏建造了三耶寺，並奠定西藏的佛教。接著，他從印度邀請了

一百零八位偉大的班智達，由毘瑪拉密扎帶領，將所有的佛法經典譯成藏文，與由毘盧遮那所率領的一百零八位西藏班智達共同完成這份工作。他與蓮師的二十五位主要弟子，在三耶寺接受蓮師在西藏所傳下的第一個灌頂。其後，他轉世為許多偉大的聖者及伏藏者，其中包括持明吉美林巴本人及蔣揚欽哲旺波。

17. 普賢王如來：原始佛，了悟本始基中的顯現與自己的體性無別，在顯現當下即了悟（此為自性之展現）故而成佛，因此他並非由累積福報及智慧而成佛，也就是不經因緣而成佛。

18. 雅火拉：見註11。

19. 大悲者：觀世音菩薩的一般稱謂，慈悲佛。

20. 桑耶寺：蓮師在西藏所建造的第一座寺廟，在此寺廟中，佛教經典完整被譯成藏文，同時蓮師在此授予許多甚深的開示及灌頂。

21. 龍欽巴尊者：是寧瑪巴的學者及聖人中最傑出的一位，第一位將阿底瑜伽十七密續意義寫下來的上師，在他著名的「七寶藏」中詳述了九乘。在淨相中，他見到蓮師及空行母耶喜措嘉，而他本人已達到原始佛普賢王如來的境界。

22. 毘瑪拉密扎：即無垢友，是印度的偉大班智達，他是文殊菩薩，也就是智慧佛的化身，是吉祥獅子及文殊友的弟

子。他到了西藏，示現無數的神通，帶領那些來自印度參
與譯經的印度班智達；他所傳下的大圓滿法教，也就是毘
瑪寧體傳承，是由良文亭眞桑波所傳下。

23. 扎迪瑞比多傑，「貢波的瑜伽狂士」：是全戒比丘南開寧
波化身，蓮師二十五位弟子中最重要的弟子之一，也是吉
美林巴的親近弟子，他請求吉美林巴寫下大圓滿著名的
「根、道、果」祈請文。

24. 大圓滿：第九乘，也是最究竟的乘，指的是一切現象原始
即清淨，以及一切眾生內在任運大成的覺性特質，稱爲
「大圓滿」是因爲所有的能量都包含在此本初的圓滿中。
大圓滿有三大主要傳承：由蓮師所傳下的空行寧體，由毘
瑪拉密扎所傳下的毘瑪寧體，以及由毘盧遮那所傳下的毘
盧寧體。

25. 脈：身體中各種能量（氣）所循環游走的微細脈，在這些
脈中，能量帶著紅、白（精華明點）遊走。在迷惑的狀態
下，這三者與三毒相關；在智慧的狀態下，三者與三身
（見註29）相關聯。

26. 毘盧遮那七支座法：
　　（1）金剛坐姿，將兩腿雙盤，右腿在左腿上。
　　（2）雙手握拳，大拇指壓在第四指與手掌相連處，雙拳
　　　　壓在大腿及骨盆交接處，手肘撐直（另有兩種變化

的方式，一種是手掌向上，右手在左手上方，然後
置於大腿上，手肘彎曲向外；另一種是雙掌向下，
放鬆地置於膝蓋上）。

（3）雙肩提起微微向前。

（4）脊椎伸直，「像一疊金幣」。

（5）下巴微縮向喉間。

（6）舌尖微捲向上觸及上顎。

（7）眼睛應保持不動，專注於鼻尖十二指處，不要眨
眼。

27. 八功德水：水是涼、甜、輕、軟、清、純，且不擾胃，也
不刺激喉嚨。

28. 八識：

（1）無法做決定及無形的基礎意識，已被無明所障蔽，
對善及非善無法做決定。

（2）～（6）與五根相連的每一種意識。

（7）意識或感覺的理性覺知

（8）思維作用，這主要是被負面情緒及煩惱所污染的意
識。

前六種不會累積業，但第七及第八種會。

29. 身：成佛的各種面相或狀態，有二身、三身、四身或五
身。

二身，包含「法身」也就是究竟身，及「形身」。

三身，法身或究竟身，報身或莊嚴的受用身，以及化身。

三身與覺醒者的身、語、意相關聯，同時被顯現為五智。

四身，在三身之外再加上「法界體性身」，代表三身無別。

五身，在三身外加入「不變金剛身」及「全然證悟身」。

30. 教派及傳承：前八個就是「成就傳承的八乘」，第九格魯，就是新格當派。有關八乘的細節，在「教誡藏」中可以找到；有關八大傳承的主要開示，是由蔣貢康楚羅卓塔耶匯集成十八卷。

31. 尊貴之地：指的是印度，如此稱謂是因為這兒是佛陀生活並達到覺悟的地方。

32. 外道（Thirthika）：字面的意思是「住在河岸邊的人」——很多印度教的苦行者不是住在離聖河的岸邊很近，就是經常到此朝聖。這個名詞延伸的意思就是非佛教徒，也就是不信佛教教義者。

33. 三種誓言（三種戒律）：

（1）別解脫界，佛陀在律部中教導在家眾及出家眾有關行為的訓誡。

（2）菩薩戒，就是發誓要將自己的念頭、語言及行為全然奉獻予利益他人，同時希望能生起、培養及保存

這個誓願；相對而言，這指的是慈愛、悲憫及六度的練習，最終是引領一切眾生全然覺醒。

（3）三昧耶戒，當弟子事奉心靈導師及從上師處接受灌頂時，所創造出來的神聖聯繫。雖然有人說在密咒乘中有十萬種三昧耶誓言，但它們能濃縮爲與上師身、語、意相關的誓言。

34. 中陰：通常指的是從死亡到下一世再生中的狀態及時間，更準確地說，有六種中陰，生命中陰、禪定中陰、夢中陰、死亡中陰、法性中陰，及投生中陰。

35. 聲聞及緣覺：構成小乘的僧團。

36. 三處或三地方：指的是天空中、地上及地下。

37. 在此，頂果欽哲法王（就像在其他地方一樣）擴大論述本文。

38. 五方佛：絕對境界法身展現爲五智及報身的五方佛，也就是佛部、金剛部、寶生部、蓮花部，及事業部，這是莊嚴的受用微細身；只有覺醒的佛能全然覺知此報身，有部分住於十地上的菩薩也可以覺知。

39. 十二分教：

（1）修多羅（契經），就是經文本身，其中濃縮意義以分段形式呈現之。

（2）祇夜（應頌、重頌），過去詳述如散文般的法教，

　　如今以詩歌方式重新複頌。

（3）受記（授記），就是給予未來的預言。

（4）伽陀那（諷誦），本來是以詩來書寫的法教。

（5）憂陀那（自說），沒有特定人士請法而說法，說法的目的是為了保存法教。

（6）尼陀那（因緣），由於某些人犯下不當的行為而詳細傳下法教作為戒律的基礎。

（7）阿波陀那（譬喻），在佛陀時代因著某些人的行為，佛陀重新講述的一些譬喻故事。

（8）伊帝日多伽（本事），意思是「事情是如此發生的」，是過去的相關故事。

（9）闍陀加（本生），是關於佛陀過去多生為菩薩的事蹟。

（10）毗佛略（方廣），以十分詳盡的方式敘述深而廣的法教。

（11）阿浮陀達（未曾有），敘述過去未曾透露過的殊勝而奇妙的法教。

（12）憂婆提舍（論義），分析輪迴中的蘊、元素、覺知的主體、客體及其他的法等；描述道上的地、道、三摩地及其他的法等；說明果上的身、智慧及其他法等。經由以下的精準分析、描述及說明來了解經

和律的意義。

40. 五身：見注29。

41. 教傳：長的口耳傳承，由蓮師的時代無中斷地傳下，其中包含寧瑪傳統中的正行、灌頂、指示及論述。首先是由敏林迪千裘美多傑（即著名的持明迪大林巴），也就是敏卓林的創辦人及大伏藏者，然後一直傳到今天，這也被稱為「長傳承」，而伏藏傳承則被稱為短或直接的傳承。

42. 八乘：見註30。

43. 立斷和頓超：直接穿透對實質的執著，以及直觀的修行，此兩者分別與原始純淨及任運天成相關。

44. 無上本智：龍欽寧體中，對立斷及頓超的法教。

45. 四種事業：息、增、懷、誅四種事業。

46. 密續四部：是佛陀三轉法輪所說的無上佛性，是自覺智所依方便道。所謂密續，「密」，意謂無上祕密，乃眾生本具之佛性。「續」，延續不壞者，即是心。簡言之，密續即是「證悟佛性的唯一法門」。密續分為四部瑜伽：事密瑜伽、作密瑜伽、瑜伽密、無上瑜伽密。

47. 班智達：出自印度梵文，意思是「精通五明的學者」；「五明」包含佛學、正理學、聲律學、醫學，與繪塑造像等工藝學。對於一位學僧而言，「班智達」是無上榮譽。

48. 南贍部洲：在須彌山四方有四個大洲，東邊的叫東勝身

洲，南邊的叫南瞻部洲（舊云南閻浮提，就是我們現在所住的地方），西邊的叫西牛貨洲，北邊的叫北俱盧洲。

49. 金剛普巴：普巴二字爲藏語，其義爲橛，本尊手中所持主要之法器，爲三菱前尖的利器，故古有「金剛橛」之稱，而今通稱爲普巴杵。「普」字表空性之義，「巴」字表智慧，普巴即空性與智慧結合成不二體性。或稱普巴金剛，藏名音譯爲多傑・雄努，意譯爲「孺童金剛」，代表無量智慧之本尊。

名相解釋

Absolute truth 勝義諦〈藏文don dam bden pa〉：心的究竟本質，以及所有現象的眞實狀態；這種狀態超越所有概念之造作和二元分立，唯有本初智慧才能了悟這種狀態。這是證悟者看待事物的方式。

Accomplishment 成就〈藏文[1]dngos grub，梵文siddhi；[2]藏文sgrub pa〉：(1)透過修行所獲得的成果。共的成就可以是超自然的力量，但是在這本書中，「成就」這個詞彙幾乎都是指不共的成就，也就是證悟。(2)在持誦咒語方面的成就。

Actions 行爲、業〈藏文las〉：爲了其他人的安樂而從事的行爲，被定義爲正面的行爲或善業；爲其他人和自己帶來痛苦的行爲，被定義爲負面或不善的行爲。每一個行爲，不論是身、語或意的行爲，都像一個種子般，會讓我們在今生或來世嚐到後果。

Afflictive mental factors, or negative emotions 煩惱、負面的情緒〈藏文nyon mongs，梵文klesha〉：一切源自我執的心智活動會擾亂和矇蔽我們的心。貪、瞋、癡、慢、疑是五種主要的煩惱，有時候被稱爲「五毒」，它們是造成眼前的痛苦和長期的痛苦之主要原因。

Aggregates 蘊〈藏文spung po，梵文skandha〉：字面意義
爲「堆積」、「聚集」或「事件」。五蘊是指色、受、
想、行、識。一個人是由五蘊所構成，當這五蘊聚合在
一起的時候，「自我」的幻象就在無明的心中生起。

Appearances 表象〈藏文snang ba〉：外在現象世界。雖然
這些現象似乎擁有真實存在的實體，但是它們的究竟本
質是空性。隨著我們在證悟之道上所獲得的不同層次的
進展，我們了知現象的方式也逐漸產生轉變。

Awareness 明覺、純然的明覺〈藏文rig pa〉： 無二無別之
心的究竟本質，完全離於迷妄。

Bardo 中陰：藏文意指「中間的狀態」，這個詞彙最常被用
來指介於死亡和投生之間的狀態。事實上，在人類的經
驗之中，包含六種中陰：今生的中陰、禪定的中陰、夢
境的中陰、死亡的中陰、究竟實相的明光中陰，以及投
生的中陰。前三種中陰在人的一生當中呈現，後三種中
陰則是指死亡和投生的過程；這個過程在受孕投生之初
終止。

Bodhichitta 菩提心〈藏文byang chub kyi sems〉：字面意義
爲「證悟之心」。在究竟的層次，菩提心是指爲了一切
眾生而證悟成佛的願望，以及爲了達到這個目標而修持
慈悲和六度波羅密等等；在究竟的層次，菩提心是指對

究竟自性的直觀。

Bodhisattva 菩薩〈藏文byang chub sems dpa'〉：出於悲
　　心，為了一切眾生而努力獲得完全證悟之人。

Buddha Nature 佛性〈藏文bde gshegs snying po〉：它不是
　　一個「實體」，而是心的究竟本質，離於無明的障蔽。
　　每一個有情眾生都能夠透過了悟心的本質，而展現佛
　　性。在某種程度上，佛性是每一個有情眾生的「本初善
　　性」（Primordial goodness）。

Buddha 佛〈藏文sang rgyas〉：去除了二障並圓滿二智的
　　人。「二障」是指煩惱障和無明障（這是一種分別的概
　　念和想法，使我們無法全知）；「二智」是指了知心和
　　現象之究竟本質的智慧，以及了知現象之多元性的智
　　慧。

Clinging, grasping, attachment 執著〈藏文don dam bden
　　pa〉：執著有兩個主要的層面——執著於自我的真實存
　　在，以及執著於外在現象的真實存在。

Compassion 悲心〈藏文snying rje〉：希望一切眾生離苦及
　　苦因（負面的行為和無明）的願望。悲心和慈心（願一
　　切眾生得樂及樂因）、喜心（隨喜他人的品德）、捨心
　　（把前三種態度擴及一切眾生，不分對方是朋友、敵人
　　或陌生人）相輔相成。

Consciousness 識〈藏文rnam shes〉：佛教把「識」區分為各種不同的層次——粗識、細微之識和極細微之識。粗識是指腦部的活動。第二種細微之識，我們直覺上稱之為「識」，能夠了知其自身，探究自身之本質，並且行使自由意志。第三種也是最重要的一種，被稱為「心之根本明光」（Fundamental luminosity of mind）。

Dharma 法、佛法〈藏文chos〉：這個梵文詞彙一般是指佛陀的法教。「所傳之法」（Dharma of transmission）是指所有實際傳授的法教，不論是口語的或書寫的。「所悟之法」（Dharma of realization）是指從實修這些法教所獲得的心靈品德。

Duality, dualistic perception 對立、分立的見解〈藏文gnyis 'dzin〉：未證悟之眾生的一般見解，這種對現象的見解是就主體（根識）和客體（心象和外境）而言，所了解的現象，以及相信這些現象是真實存在的。

Ego, I 自我、我〈藏文bdag〉：我們不去認清這個事實——我們是一條永不止息的轉化之流，並且和其他眾生及整個世界相互依存，而去想像自己之內有一個不變的存在實體。這個實體造就了我們，我們必須保護它，取悅它；經過徹底地分析這個自我之後，我們會發現，它是心所虛構造作出來的。

Emptiness 空性〈藏文stong pa nyid〉：現象的究竟本質，也就是說，現象缺乏固有的存在。對空性有了究竟的了悟，同時便能自然生起對有情眾生的無量悲心。

Enlightenment 證悟〈藏文sangs rgyas〉：成佛(Buddhahood)的同義字，修行的究竟成就，圓滿的內在智慧結合了無限的悲心。圓滿了悟心和現象的究竟本質，也就是這兩者的相對存在（其表象）和絕對自性（其本貌）；這樣的了悟是對治無明的重要解藥，因此也是對治痛苦的解藥。

Existence, true, intrinsic, or reality 眞實存在〈藏文bden 'dzin〉：現象的屬性，意指現象是獨立的客體，是自行存在的，並且擁有與生俱來的屬性。

Habitual tendencies 串習〈藏文bag chags〉：一個人在過去生世從事的行爲所創造出來的身、語、意的習慣模式。

Ignorance 無明〈藏文ma rig pa〉：看待眾生和事物的錯誤方法，認爲眾生和事物是眞實存在的、獨立自主的、堅實的，以及與生俱來的。

Illusion 迷妄〈藏文'khrul pa〉：因爲無明而產生的所有凡俗的見解。

Impermanence 無常〈藏文mi rtag pa〉：它有兩個層面，粗重的無常，是指看得見的變化；細微的無常，則是指沒

有任何事物可以維持不變，甚至在可以想像到的最短暫
的時刻，也無法維持不變。

Interdependence or dependent origination 緣起、相互依存
〈藏文rten cing 'brel bar 'byung ba〉：佛法法教的一個
重要的基礎原則，根據這個原則，現象不是獨立存在的
實體，而是相互依存的因緣的聚合。

Kalpa 劫〈藏文bskal pa〉：一大劫是指宇宙從形成到毀滅
的一個循環，被分成八十個中劫；而每一個中劫有兩小
劫，其一為壽命增長的時期，其二為壽命遞減的時期。

Karma 業〈藏文las〉：此梵文意指「行為」，指與我們的
身、語、意相關的因果法則。根據佛陀的法教，眾生的
命運、安樂、痛苦，以及對世界的看法，既不是機緣運
氣的結果，也不是出自全能的存在者的意志，它們都是
先前的行為的結果；同樣地，眾生的未來取決於他們目
前所從事之行為的善惡。業也區分為共業和不共業，共
業是指我們對周遭世界的一般看法，不共業則決定我們
個人的經驗。

Lama 喇嘛〈藏文bla ma，梵文guru〉：（1）上師，是「無
上」（bla na med pa）這個字的簡稱；（2）常被用來泛
稱佛教僧侶或瑜伽士。

Liberation 解脫〈藏文thar pa〉：離於痛苦和輪迴，但是解

脫仍然不是獲得完全證悟的狀態。

Lower realms 下三道〈藏文ngan song〉：地獄道、餓鬼道和畜生道。

Meditation 禪修〈藏文sgom〉：對現象產生新的見解，並且加以熟悉的過程。禪修區分為「分析式的禪修」（觀）和「沈思式的禪修」（止）。前者觀修的對象可以是一個要去研究分析的重點（例如，無常的見解），或我們想要去培養的品質（例如，慈悲）；後者則能夠使我們認清心的究竟本質，並且安住在這種超越概念的了悟之中。

Merit 功德〈藏文bsod nams，梵文punya〉：善業，由身、語、意的善行所產生的能量。

Middle Way 中觀〈藏文dbu ma，梵文madhyamika〉：更高形式的佛教哲理，之所以如此稱呼，是因為它避免了兩個極端——虛無主義（斷見）和相信現象真實存在（常見）。

Mind 心〈藏文sems〉：參見名相解釋「識」。就佛教而言，無明和迷妄是心的一般特徵。一連串的意識剎那，賦予了心是相續不斷的表象。在究竟上，心有三個層面——空性、明性（全知的能力）和自然生成的慈悲。

Nirvana 涅槃〈藏文myang das〉：「超越痛苦」，證悟的

不同層次，取決於我們是從小乘或大乘的觀點來看。

Obscurations 障、障蔽〈藏文sgrib pa，梵文avarana〉：遮蔽一個人的佛性之因素。

Path 道〈藏文lam〉：能夠讓一個人從輪迴中解脫，然後證悟成佛的訓練。

Phenomena 現象、法〈藏文snang ba〉：透過感官認知和心智活動而在心中顯現的事物。

Rebith, reincarnation 投生、轉世〈藏文skyes〉：意識流所經驗到的死亡、中陰，和出生的連續狀態。

Refuge 皈依〈藏文skyabs yul, skyabs'gro〉：前者指 個人皈依的對象，後者指皈依的修行法門。

Relative truth 世俗諦〈藏文kun rdzob bden pa〉：字面意義為「隱蔽一切的真理」（All-concealing truth），這是指，就一般的經驗來看，現象被認為是真實的，和心是有分別的，因而遮蔽了現象的真實本質。

Samsara 輪迴〈藏文'khor ba〉：存在之輪或存在之循環，尚未證悟的狀態；在這種狀態之中，心被貪、瞋、癡三毒所奴役，無法控制地從一個狀態到另一個狀態，經歷身心的無盡痛苦之流。唯有當一個人了悟現象的空性，才能去除心之障蔽，從輪迴中解脫。

Suffering 痛苦〈藏文sdug bsngal〉：四聖諦之第一聖諦。

四聖諦爲（1）苦諦，在輪迴中的眾生皆苦；（2）集
諦，痛苦之因，我們必須根除的負面情緒；（3）滅諦，
痛苦之止息，修行的成果或證悟的狀態；（4）道諦，爲
了獲得解脫，而必須採取的修行道路。

Sutra 經〈藏文mdo〉：釋迦牟尼佛所說的話，被其弟子記錄
爲文字。

Thoughts, discursive 念頭、散漫的念頭〈藏文rnam par
thog pa〉：受無明和相對實相所影響的念頭之連結。

Three Jewels 三寶〈藏文dkon mchog gsum，梵文triratna〉：
佛、法、僧。

Three Poisons 三毒〈藏文dug gsum〉：貪、瞋、癡三種負
面情緒。

View, meditation and action 見、修、行〈藏文lta, sgom,
spyod pa〉：對空性的見解，必須透過禪修來融入我
們的心，最後必須以利他的行爲和究竟證悟的事業來展
現。

Wisdom 智慧〈藏文shes rab, ye shes〉：（1）正確分辨、
察覺的能力，對空性的了悟；（2）對心之本質的本然、
無分別的了知。

附錄一

上師相應法儀軌　藏中對照

ཀློ་མའི་རྣལ་འབྱོར་ནི།

龍欽寧體上師相應法

ཨེ་མ་ཧོ༔

耶瑪火

རང་སྣང་ལྷུན་གྲུབ་དག་པ་རབ་འབྱམས་ཞིང་༔

攘浪　吞足　塔巴　惹布江木幸

自現任運清淨無邊剎

བཀོད་པ་རབ་རྫོགས་ཟངས་མདོག་དཔལ་རིའི་དབུས༔

貴巴　惹卓　桑朵　貝爾瑞以玉也

莊嚴圓滿銅色德山中

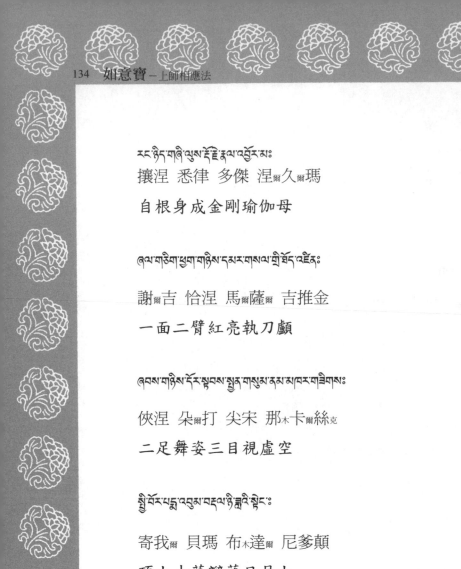

རང་ཉིད་གཞི་ལུས་རྡོ་རྗེ་རྣལ་འབྱོར་མ༔

攘涅 悉律 多傑 涅_爾久_爾瑪

自根身成金剛瑜伽母

ཞལ་གཅིག་ཕྱག་གཉིས་དམར་གསལ་གྲི་ཐོད་འཛིན༔

謝_爾吉 恰涅 馬_爾薩_爾 吉推金

一面二臂紅亮執刀顱

ཞབས་གཉིས་དོར་སྟབས་སྤྱན་གསུམ་ནམ་མཁར་གཟིགས༔

俠涅 朵_爾打 尖宋 那_木卡_爾絲_克

二足舞姿三目視虛空

སྤྱི་བོར་པདྨ་འབུམ་བདལ་ཉི་ཟླའི་སྟེང་༔

寄我_爾 貝瑪 布_木達_爾 尼爹顛

頂上十萬瓣蓮日月上

སྒྲུབས་གནས་ཀུན་འདུས་རྩ་བའི་བླ་མ་དང་༔

加涅 滾杜 札瓦_以 拉瑪當

總集皈處根本上師尊

དབྱེར་མེད་མཚོ་སྐྱེས་རྡོ་རྗེ་སྤྲུལ་པའི་སྐུ༔

耶ㄦ美　錯給　多傑　足ㄦ貝ㄧ古

無別海生金剛變化身

དཀར་དམར་མདངས་ལྡན་གཞོན་ནུའི་ཉ་ཆུགས་ཅན༔

嘎ㄦ瑪ㄦ　當登　當鄧　訓奴ㄧ　下促尖

具白兼紅妍妙童子相

ཕོད་ཁ་ཆོས་གོས་ཟ་བེར་འདང་མ་གསོལ༔

破音卡　雀規　刹具ㄦ　東馬索ㄦ

身著長袍法衣及披風

ཞལ་གཅིག་ཕྱག་གཉིས་རྒྱལ་པོ་རོལ་པའི་སྟབས༔

謝ㄦ記　恰涅　加ㄦ波　洛ㄦ貝打克

一面二臂國王威儀姿

ཕྱག་གཡས་རྡོ་རྗེ་གཡོན་པས་ཐོད་བུམ་བསྣམས༔

恰也　多傑　永貝　推布木南木

右手持杵左手托顱寶瓶

དབུ་ལ་འདབ་ལྡན་པདྨའི་མཉེན་ཞུ་གསོལ༔

卜拉 達鄧 貝瑪_以 念俗索

頂戴具瓣蓮花柔軟帽

མཆན་ཁྱུང་གཡོན་ན་བདེ་སྟོང་ཡུམ་མཆོག་མ༔

千空 永那 爹東 庸秋瑪

左腋殊勝樂空佛母尊

སྦས་པའི་ཚུལ་གྱིས་ཁ་ཊྭཾ་རྩེ་གསུམ་བསྣམས༔

別巴_以 出_關記 卡張_米 界松那_木

隱相故持三尖卡杖噶

འཇའ་ཟེར་ཐིག་ལེའི་འོད་ཕུང་གྲོང་ན་བཞུགས༔

加些_爾 替累_以 韋碰 龍那俗_克

安住虹光明點光蘊中

ཕྱི་འཁོར་འོད་ལྔའི་དུ་བས་མཛེས་པའི་ཀློང་༔

氣闊_爾 月內一札韋 解貝龍

外圍五光燦爛麗域中

སྤྲུལ་པའི་རྗེ་འབངས་ཉི་ཤུ་རྩ་ལྔ་དང་༔

足_爾比　借邦　尼蘇　札哪當

示現幻化王臣二十五

རྒྱ་བོད་པཎ་གྲུབ་རིག་འཛིན་ཡི་དམ་ལྷ༔

加貝_伊　邊促　瑞景　宜達_木哈_爾

印藏成就持明諸本尊

མཁའ་འགྲོ་ཆོས་སྐྱོང་དམ་ཅན་སྤྲིན་ལྟར་གཏིབས༔

卡卓　雀中　達_木尖　金打_爾帝

空行護法具誓如雲聚

གསལ་སྟོང་མཉམ་གནས་ཆེན་པོའི་ངང་དུ་གསལ༔

沙_爾東　良_木涅　千波_以　昂杜薩_爾

明空大平等境中顯現

ཚིག་བདུན་གསོལ་འདེབས་ནི།

蓮師祈請文

ཨོཾ༔　ཨོ་རྒྱན་ཡུལ་གྱི་ནུབ་བྱང་མཚམས༔

吽 烏金 由_爾吉 奴江燦_木

烏金淨土西北隅

པདྨ་གེ་སར་སྡོང་པོ་ལ༔

貝瑪 給沙_爾 東坡拉

蓮花花莖蓮胚上

ཡ་མཚན་མཆོག་གི་དངོས་གྲུབ་བརྙེས༔

牙趁 秋_克記 娥竹_布涅

勝妙悉地成就尊

པདྨ་འབྱུང་གནས་ཞེས་སུ་གྲགས༔

貝瑪 炯涅 謝蘇札_克

稱揚聖名蓮花生

འཁོར་དུ་མཁའ་འགྲོ་མང་པོས་བསྐོར༔

闊爾讀 康卓 茫波伊果爾

空行眷屬眾圍繞

ཁྱེད་ཀྱི་རྗེས་སུ་བདག་བསྒྲུབ་ཀྱིས༔

溪記 接蘇 達以竹布記

我今發心如尊行

བྱིན་བརླབ་ཕྱིར་གཤེགས་སུ་གསོལ༔

金基 拉布企爾 謝克蘇索兒

祈請降臨賜加持

གུ་རུ་པདྨ་སིདྡྷི་ཧཱུྃ༔

咕嚕 貝瑪 悉地吽

【蓮師心咒】

ཡན་ལག་བདུན་པ

七支淨供

ཧཱུྃཿ　བདག་ལུས་ཞིང་གི་རྡུལ་སྙེད་དུཿ

旭_伊 達律 幸給_伊 杜_爾涅杜

我身變化盡塵刹

རྣམ་པར་འཕུལ་པས་ཕྱག་འཚལ་ལོཿ

那_木巴_爾 足_爾貝 恰查_爾洛

變現無邊而頂禮

དངོས་བཤམས་ཡིད་སྤྲུལ་ཏེ་འཛིན་མཐུསཿ

涅夏_木 宜足_爾 丁景退

實設意顯等持力

སྣང་སྲིད་མཆོད་པའི་ཕྱག་རྒྱར་འབུལཿ

浪絲 雀比 恰加_爾布_爾

獻供養萬有手印

སྒོ་གསུམ་མི་དགེ་བའི་ལས་རྣམས་ཀུན༔

果松 咪給以 雷那木滾

所有三門不善業

འོད་གསལ་ཆོས་སྐུའི་ངང་དུ་བཤགས༔

韋沙爾 雀桂以 南杜下

法身光明界中懺

བདེན་པ་གཉིས་ཀྱིས་བསྡུས་པ་ཡི༔

顛巴 尼姐 杜巴宜

真俗二諦之所攝

དགེ་ཚོགས་ཀུན་ལ་རྗེས་ཡི་རང་༔

給錯 衰拉 借宜攘

諸善資糧皆隨喜

གདུལ་བྱའི་ཁམས་དབང་བསམ་པ་བཞིན༔

杜兒切 坎木汪 桑巴韋

佛陀因材而施教

ཐེག་གསུམ་ཆོས་འཁོར་བསྐོར་བར་བསྐུལ༔

特伊松　雀闊爾　果爾瓦爾顧爾

敦請常轉三乘輪

ཇི་སྲིད་འཁོར་བ་མ་སྟོངས་བར༔

吉悉　闊爾瓦　瑪東巴爾

乃至輪迴未空盡

མྱ་ངན་མི་འདའ་བཞུགས་གསོལ་འདེབས༔

娘年　咪達　俗索爾爹

請恆住世勿涅槃

དུས་གསུམ་བསགས་པའི་དགེ་རྩ་ཀུན༔

堆松　薩貝　給札滾

三世所積諸善根

བྱང་ཆུབ་ཆེན་པོའི་རྒྱུ་རུ་བསྔོ༔

江秋　千貝以　久奴娥

回向成大菩提因

催請加持

ཇེ་བཙུན་གུ་རུ་རིན་པོ་ཆེ། བཙུན་གུ་རུ་རིན་པོ་ཆེ༔

傑尊 咕嚕 仁波切

至尊 咕嚕仁波切

ཁྱེད་ནི་སངས་རྒྱས་ཐམས་ཅད་ཀྱི༔

溪尼 桑傑 湯木杰及

汝即十方一切佛

ཐུགས་རྗེ་བྱིན་རླབས་འདུས་པའི་དཔལ༔

突傑以 金拉 杜比貝爾

慈悲加持之總集

སེམས་ཅན་ཡོངས་ཀྱི་མགོན་གཅིག་པུ༔

仙木尖 雍記 襲機克布

有情唯一依怙主

ལུས་དང་ལོངས་སྤྱོད་སྙིང་སྙིང་བྲང༔

律當 龍覺 洛尼張

己身受用與心意

 གློས་པ་མེད་པར་ཕྱིད་ལ་འབུལ༔

對巴 美巴_爾 溪拉布_爾

毫無吝惜供獻汝

འདི་ནས་བྱང་ཆུབ་མ་ཐོབ་བར༔

帝涅 江秋 瑪透巴_爾

乃至未證菩提間

སྐྱིད་སྡུག་ལེགས་ཉེས་མཐོ་དམན་ཀུན༔

吉杜 雷涅 陀面滾

苦樂好壞貴賤等

རྗེ་བཙུན་ཆེན་པོ་པད་འབྱུང་མཁྱེན༔

傑尊 千波 貝炯牽

至尊大士蓮師知

བདག་ལ་རེ་ས་གཞན་ན་མེད༔

達拉 瑞沙 賢那美

我無其他冀望處

ད་ལྟ་དུས་ངན་སྙིགས་མའི་འགྲོ༔

達答 杜年 尼瑪_以卓

此際濁世眾有情

མི་བཟད་སྡུག་བསྔལ་འདམ་དུ་བྱིང་༔

米<u>酉</u> 杜紐_爾 當杜景

沈溺難忍苦泥中

འདི་ལས་སྐྱོབས་ཤིག་མ་དུ་གུ་རུ༔

帝雷 糾細 瑪哈咕嚕

從中救護大上師

དབང་བཞི་བསྐུར་ཅིག་བྱིན་རླབས་ཅན༔

汪西 古_爾機 金拉尖

祈賜四灌加持尊

རྟོགས་པ་སྐྱོར་ཅིག་ཐུགས་རྗེ་ཅན༔

朵巴 波機 突傑尖

祈增悟境慈悲尊

སྒྲིབ་གཉིས་སྦྱོངས་ཤིག་ནུས་མཐུ་ཅན༔

滴涅 炯悉 女凸尖

祈淨二障大力尊

ཨོཾ་ཨཱཿ ཧཱུྃ་བཛྲ་གུ་རུ་པདྨ་སིདྡྷི་ཧཱུྃ༔

嗡阿吽 班渣 咕嚕 貝瑪 悉地吽

【金剛上師心咒】

བརྒྱུད་པའི་གསོལ་འདེབས་ནི།

傳承祈請頌

ཨེ་མ་ཧོ།

耶瑪火

རྒྱ་ཆད་ཕྱོགས་ལྷུང་བྲལ་བའི་ཞིང་ཁམས་ནས༔

加切 秋隆 札爾瓦以 幸康木涅

從離偏私清淨剎土中

དང་པོའི་སངས་རྒྱས་ཆོས་སྐུ་ཀུན་ཏུ་བཟང་༔

當比 桑傑 雀顧 滾杜桑

法身普賢原始本初佛

ལོངས་སྐུ་ཆུ་ཟླའི་རོལ་རྩལ་རྡོ་རྗེ་སེམས༔

龍古 秋爹以 若爾札爾 多傑仙木

報身水月遊戲金剛心

སྤྲུལ་སྐུར་མཚན་རྫོགས་དགའ་རབ་རྡོ་རྗེ་ལ༔

祖爾古爾 成卓 嘎昂 多傑拉

化身相圓極喜金剛處

གསོལ་བ་འདེབས་སོ་བྱིན་རླབས་དབང་བསྐུར་སྩོལ༔

索爾瓦 爹所 金拉 汪古這爾

至心祈請加持賜灌頂

ཁྲི་སྲོང་དོན་དམ་ཆོས་ཀྱི་མཛོད༔

夕里 心哈 敦當 雀吉這爾

夕日衣星哈勝義法寶藏

འཇམ་དཔལ་བཤེས་གཉེན་ཐེག་དགུའི་འཁོར་ལོས་སྒྱུར༔

江貝爾 斜年 貼桂以 闊爾律糾爾

蔣巴謝年九乘轉輪王

རྒྱ་ན་སུ་ཏྲ་པཎ་ཆེན་བི་མ་ལར༔

嘉那 蘇札 班千 威瑪拉爾

嘉那蘇札學者比瑪拉

གསོལ་བ་འདེབས་སོ་གྲོལ་བྱེད་ལམ་སྟ་སྟོན༔

索爾瓦 爹索 卓爾杰 拉木那敦

至心祈請指示解脫道

འཛམ་བུའི་གླིང་གི་རྒྱན་གཅིག་པདྨ་འབྱུང་ཿ

簪ㄨ布 令記 根機 貝瑪炯

瞻部唯一莊嚴蓮花生

རིས་པར་ཕྱགས་ཀྱི་སྲས་མཆོག་རྗེ་འབངས་གྲོགས་ཿ

涅巴ㄦ 突記 塞ㄦ秋 杰邦卓

確為殊勝心子王臣伴

ཐུགས་གཏེར་རྒྱ་མཆོའི་བརྡ་འགྲོལ་ཀློང་ཆེན་ཞབས་ཿ

突爹ㄦ 加錯ㄧㄥ 達卓ㄦ 龍千俠布

心伏藏海指示解脫龍清足

མཁའ་འགྲོའི་དབྱིངས་མཛོད་བཀའ་བབས་འཇིགས་མེད་གླིང་ཿ

康卓ㄧㄥ 因追 甲巴 吉美林

空行界藏受命吉美林

གསོལ་བ་འདེབས་སོ་འབྲས་བུ་ཐོབ་གྲོལ་སྩལ་ཿ

索ㄦ瓦 爹索 爹布 透卓這ㄦ

至心祈請賜得解脫果

ཆོས་ཀྱི་བདག་པོ་བྱང་ཆུབ་རྡོ་རྗེ་ཞབས༔

碓吉 達波蔣秋_不斗傑暇_不

法主<u>蔣邱多傑</u>之跟前

གྲུབ་བརྙེས་འཇིགས་མེད་རྒྱལ་བའི་མྱུ་གུ་དང་༔

竹_不涅吉美賈威紐估檔

獲成就<u>吉美賈威紐固</u>

སྤྲུལ་པའི་སྐུ་མཆོག་མི་འགྱུར་ནམ་མཁའི་མཚན༔

祝貝故秋米啾南_木客_談參

勝化身具<u>米久南卡</u>名

རྒྱལ་བའི་སྲས་པོ་གཞན་ཕན་མཐའ་ཡས་ལ༔

賈威斯_談波咸偏他耶拉

佛心子菩薩<u>咸偏他耶</u>

གསོལ་བ་འདེབས་སོ་གནས་ལུགས་རང་ཞལ་སྟོན༔

嫂哇迭ㄅ嫂內陸壤暇敦

祈請指示實相本面目

ནེ་རུ་ཀ་དཔལ་ཡེ་ཤེས་རྡོ་རྗེ་དང༔

嘿汝嘎巴耶些斗傑檔

<u>嘿汝嘎具德耶些多傑</u>

ཨོ་རྒྱན་འཇིགས་མེད་ཆོས་ཀྱི་དབང་པོ་དང༔

歐柬吉美確吉旺波檔

<u>烏金吉美確吉旺波</u>與

གྲུབ་པའི་དབང་ཕྱུག་པདྨ་བཛྲ་རྩལ༔

竹ㄅ貝旺秋貝瑪班咱紮

成就自在<u>貝瑪班咱紮</u>

མཚོ་སྐྱེས་བླ་མ་མཁྱེན་བརྩེའི་དབང་པོ་ལ༔

措借喇嘛倩自_談旺波拉

湖生上師<u>欽哲旺波</u>前

གསོལ་བ་འདེབས་སོ་དད་དམ་གོང་འཕེལ་མཛོད༔

嗖哇迭嗖跌達_不拱佩瑞

祈賜信心誓言續增長

བསྟན་པའི་ཉི་མ་ལུང་རྟོགས་བསྟན་པའི་རྒྱལ༔

滇貝尼瑪龍豆滇貝賈

滇貝尼瑪　龍豆滇貝賈

སྣ་ཚོགས་རང་གྲོལ་མཁན་ཆེན་བློ་དཔལ་ཞབས༔

那措壞軸堪千漏巴暇_不

種種自解脫堪欽婁巴

ཆོས་ཀྱི་བློ་གྲོས་མཁྱེན་བརྩེ་འོད་ཟེར་དང་༔

碓吉婁卓倩自_詼偉瑟檔

碓吉婁卓欽哲偉瑟與

འཇམ་དབྱངས་མཁྱེན་བརྩེ་རབ་གསལ་ཟླ་བའི་ཞབས༔

賈_不漾倩自_詼吕_不薩達威暇_不

蔣揚欽哲薩達哇前

བཀྲིན་མཉམ་མེད་རྩ་བའི་བླ་མ་ལ༔

嘎知^{音尼}^{諱不}美縶威啦嘛拉

恩德無比之根本上師

གསོལ་བ་འདེབས་སོ་སྨྱིན་གྲོལ་མཐར་ཕྱིན་མཛོད༔

嘰哇迭嘰民軸他沁瑞

祈請令成熟究竟解脫

生有

སྐྱིད་ལམས་ངེས་པར་འབྱུང་བའི་ཞེན་ལོག་གིས༔

悉雷　涅巴爾　炯韋以　仙洛給伊
以厭離輪迴之出離心

རྗེ་རྗེའི་བླ་མ་དོན་ལྡན་མིག་བཞིན་བསྟེན༔

多傑以　拉瑪　敦電　咪克幸顛
依如目具義金剛上師

ཅི་གསུང་བཀའ་སྒྲུབ་ཟབ་མོའི་ཉམས་ལེན་ལ༔

機松　嘎足　刹摩以　娘木年拉
奉持所示甚深之修持

ལྷུར་ཀྱང་མེད་པའི་སྒྲུབ་ཆགས་ཞེ་རྲས་ཀྱིས༔

爹木江　美比　朱粗　斜魯記
精進無變穩固之修習

ཐུགས་རྒྱུད་དགོངས་པའི་བྱིན་རླབས་འཕོ་བར་ཤོག༔

突局　鞏比　景拉　破瓦爾秀
願得心續密意之加持

སྣང་སྲིད་འཁོར་འདས་ཡེ་ནས་འོག་མིན་ཞིང་༔

浪悉　闊_爾爹　那涅　歐明幸

輪涅萬有原本奧明剎

ཧཱུྃ་ཧགས་ཆོས་སྐུར་དག་རྫོགས་སྨིན་པའི་འབྲས༔

哈_兒紐_克　雀古_爾　塔卓　明貝這_爾

尊咒法身淨圓成熟果

སྤང་བླང་བྱ་རྩོལ་མེད་པའི་རྫོགས་པ་ཆེ༔

棒浪　加作_爾　美比　卓巴切

無精勤取捨之大圓滿

ཤེས་རྣམས་ཡིད་དཔྱོད་ལས་འདས་རིག་པའི་གདངས༔

斜娘_木　約覺　雷爹　瑞比當

明覺光澤離尋伺認知

ཆོས་ཉིད་མངོན་སུམ་རྗེན་པར་མཐོང་བར་ཤོག༔

雀尼　念_以松　杰巴_爾　統瓦_爾秀

法性赤裸顯現願親見

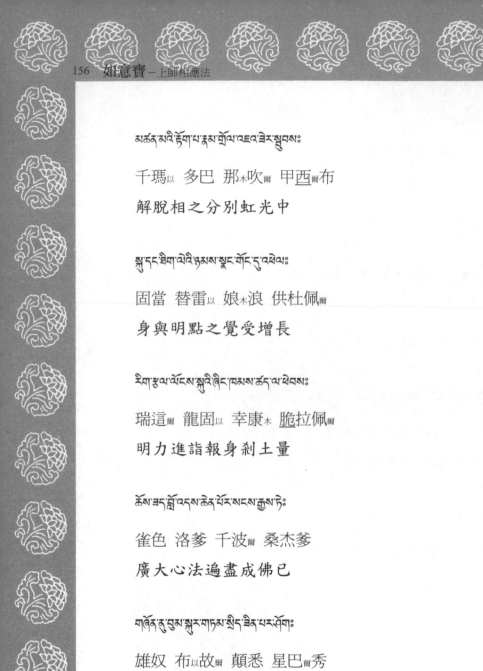

མ་ཚན་མའི་རྟོག་པ་རྣམ་གྲོལ་འཇའ་ཟེར་སྦུབས༔

千瑪_以 多巴 那_木吹_爾 甲西_爾布

解脫相之分別虹光中

སྐུ་དང་ཐིག་ལེའི་ཉམས་སྣང་གོང་དུ་འཕེལ༔

固當 替雷_以 娘_木浪 供杜佩_爾

身與明點之覺受增長

རིག་རྩལ་ལོངས་སྐུའི་ཞིང་ཁམས་ཚད་ལ་ཕེབས༔

瑞這_爾 龍固_以 幸康_木 脆拉佩_爾

明力進詣報身剎土量

ཆོས་ཟད་བློ་འདས་ཆེན་པོར་སངས་རྒྱས་ཏེ༔

雀色 洛爹 千波_爾 桑杰爹

廣大心法遍盡成佛已

གཞོན་ནུ་བུམ་སྐུར་གཏན་སྲིད་ཟིན་པར་ཤོག༔

雄奴 布_以故_爾 顛悉 星巴_爾秀

願證堅住童子寶瓶身

死有

ཤིན་ཏུ་རྣལ་འབྱོར་ཆེམས་ལ་ཚོགས་མ་རྟུགས་དེ༔

幸杜 那ᵣ糾ᵣ 釀₊娥 瑪去爹

未了知通達十分瑜伽

རགས་ལུས་དངས་མའི་དབྱིངས་སུ་མ་གྲོལ་ན།

讓ₖ律 當瑪ᵢ 應蘇 瑪卓那

濁身未解脫為清明界

ནམ་ཞིག་ཚེ་ཡི་འདུ་བྱེད་བསྲུང་བའི་ཚེ༔

南₊悉 脆宜 杜杰 動威ᵢ脆

一旦命盡死期來臨時

འཆི་བ་འོད་གསལ་ཀ་དག་ཆོས་སྐུར་ཤར༔

氣瓦 娥薩ᵣ 嘎達 雀固ᵣ夏ᵣ

死有光明現本淨法身

བར་དོའི་སྣང་ཆ་ལོངས་སྤྱོད་རྫོགས་སྐུར་གྲོལ༔

巴ᵣ朵ᵣ 浪洽 龍絕 卓固ᵣ這ᵣ

中有現分解脫為報身

ཁྲེགས་ཆོད་ཐོད་རྒལ་ལམ་གྱི་རྩལ་རྫོགས་ནས༔

推吹 妥葛_爾 藍_木吉 這_爾卓涅

立斷超頓妙道圓滿已

མ་པང་བུ་འཇུག་ལྟ་བུར་གྲོལ་བར་ཤོག༔

瑪邦 不糾_克 達布_爾 豆_爾瓦_爾秀_克

猶如子投母懷願解脫

中有

གསང་ཆེན་འོད་གསལ་ཐེག་པ་མཆོག་གི་རྩེ༔

桑千　維薩_爾　推_黑巴　丘幾_伊借

大密光明勝乘之頂端

སངས་རྒྱས་གཞན་ནས་མི་ཚོལ་སྐུའི་ཞལ༔

桑傑　賢涅　米策_爾　雀固_以斜_爾

不求他佛法身之面目

མདུན་གྱུར་གདོད་མའི་ས་ལ་མ་གྲོལ་ན༔

潤_公糾_爾　朵媚_以　薩拉　瑪卓_爾那

若於現前本初地未解脫

མ་བསྒོམ་སངས་རྒྱས་ཆོས་སྐུའི་ལམ་མཆོག་ལ༔

瑪供_木　桑杰　雀迎_{阿以}　朗_木秋_烏拉

依無修佛五法之勝道

བརྟེན་ནས་རང་བཞིན་སྤྲུལ་པའི་ཞིང་ལྔ་དང་༔

店涅　讓幸　助_爾貝_以　幸雅當

於自性變化之五淨土

ཁྱད་པར་པདྨ་འོད་ཀྱི་ཕོ་བྲང་དུ༔

溪巴爾 貝瑪 由寄 破章杜
尤是蓮花光之宮殿中

རིག་འཛིན་རྒྱ་མཚོའི་གཙོ་མཆོག་ཨོ་རྒྱན་རྗེ༔

瑞景 甲錯以 作洽烏 烏金杰
持明海眾勝主烏金尊

གསང་ཆེན་ཆོས་ཀྱི་དགའ་སྟོན་འགྱེད་པའི་སར༔

桑千 雀記 嘎敦 杰貝以薩爾
大密法筵歡喜之地中

སྲས་ཀྱི་ཐུ་བོར་སྐྱེས་ནས་དབུགས་དབྱུང་ཏེ༔

些寄 突窩爾 給涅 吾雍爹
生為首要弟子獲加持

མཐའ་ཡས་འགྲོ་བའི་རེ་འཚོར་བདག་འགྱུར་ཤོག༔

塔耶 卓韋 涅爾錯爾 達糾爾秀
願我為無邊眾之怙主

即身圓證

རིག་འཛིན་རྒྱལ་བ་རྒྱ་མཚོའི་བྱིན་རླབས་དང་༔

瑞景 杰ㄦ瓦 將歲 金拉當

持明佛海聖眾之加持

ཆོས་དབྱིངས་བསམ་མི་ཁྱབ་པའི་བདེན་པ་ཡིས༔

雀因 桑ㄆ米 洽巴ㄧ 顛巴宜

法界不可思議之真實

དལ་འབྱོར་རྟེན་ལ་རྫོགས་སྨིན་སྦྱངས་གསུམ་གྱིས༔

爹ㄦ覺ㄦ 店拉 卓明 江順記

暇滿身以圓熟清淨三

རྟེན་འབྲེལ་མངོན་གྱུར་སངས་རྒྱས་ཐོབ་པར་ཤོག༔

顛杰ㄦ 問糾ㄦ 桑傑 透巴ㄦ秀

因緣現前願獲佛果位

དབང་བཞི་བླང་བ་ནི།

領受四灌頂

ག་རུའི་སྨིན་མཚམས་ནས་ཨོཾ༔ ཡིག་ཆུ་ཤེལ་ལྟ་བུར་འཚེར་བ་ལས་འོད་ཟེར་འཕྲོས༔

咕嚕以 明擦木 涅 嗡宜 出斜爾 達布爾 切爾瓦雷 唯色爾吹

由上師眉間猶如水晶的嗡字放光

རང་གི་སྤྱི་བོ་ནས་ཞུགས༔

壤嘎伊 寄窩 涅俗克

由己頂門入

ལུས་ཀྱི་ལས་དང་རྩའི་སྒྲིབ་པ་དག༔

律寄 雷當 紮伊 吉巴達

清淨身業及脈障

སྐུ་རྡོ་རྗེའི་བྱིན་རླབས་ཞུགས༔

固多傑以 金拉阿俗

得身金剛之加持

བུམ་པའི་དབང་ཐོབ༔

噴木貝　王透布

獲瓶灌頂

བསྐྱེད་རིམ་གྱི་སྣོད་དུ་གྱུར༔

給瑞木吉　涅杜糾爾

成為生起次第根器

རྣམ་སྨིན་རིག་འཛིན་གྱིས་བོན་ཐེབས༔

那木明　瑞景吉　薩噴貼布

種下異熟持明種子

སྤྲུལ་སྐུའི་གོ་འཕང་ཐོབ་པའི་སྐལ་པ་ཅན་ལ་བཞག༔

助爾顧以　果旁　陀貝　給爾巴　菊拉俠克

心具化身佛位之堪能性

མགྲིན་པ་ནས་ཨཱཿ ཡིག་པདྨ་རྟྭ་ག་ལྟར་འབར་བ་ལས་འོད་ཟེར་འཕྲོས༔

景巴涅　阿宜克　貝瑪　惹克嘎達爾　巴爾瓦雷　維色爾吹

由喉間猶如紅寶石的阿字熾燃放光

རང་གི་མགྲིན་པ་ནས་ཞུགས༔

讓記　景巴　涅俗克

從己喉間入

དག་གི་ལས་དང་རླུང་གི་སྒྲིབ་པ་དག༔

雅克嘎以　雷當　龍機以　第巴達克

清淨語業及氣障

གསུང་རྡོ་རྗེའི་བྱིན་རླབས་ཞུགས༔

松多傑以　金拉俗克

得語金剛之加持

གསང་བའི་དབང་ཐོབ༔

桑韋以　王透布

獲密灌頂

བཟླས་བརྗོད་ཀྱི་སྣོད་དུ་གྱུར༔

爹覺記　涅杜糾爾

成為唸誦根器

ཚ་དབང་རིག་འཛིན་གྱིས་བོན་ཐེབས༔

<u>脆</u>汪 瑞景<u>記</u> 薩噴貼_布

種下自在持明種子

ལོངས་སྤྱོད་རྫོགས་པའི་གོ་འཕང་གི་སྐལ་པ་རྒྱུད་ལ་བཞག༔

龍覺 作貝 果旁<u>記</u> 給巴 菊拉俠_克

心具圓滿報身佛位之堪能性

ཐུགས་ཀའི་ཧཱུྃ་ཡིག་ནས་མཁའི་མདོག་ཅན་ལས་འོད་ཟེར་འཕྲོས༔

突給 吽宜_克 那_木<u>溪</u> 朵間雷 韋色_爾吹

由心間天藍色吽字放光

རང་གི་སྙིང་ག་ནས་ཞུགས༔

<u>讓記</u>_伊 寧卡涅俗_克

從己心間入

ཡིད་ཀྱི་ལས་དང་ཐིག་ལེའི་སྒྲིབ་པ་དག༔

伊<u>記</u> 雷當 替雷_以 第巴達

清淨意業及明點障

ཕྱག་རྒྱ་རྗེའི་བྱིན་རླབས་ཞུགས༔

吐　多傑_以　金拉俗_克

得意金剛之加持

ཤེས་རབ་ཡེ་ཤེས་ཀྱི་དབང་ཐོབ༔

斜惹_布　耶斜<u>記</u>　王透_布

得智慧灌頂

བདེ་སྟོང་ཚན་ཉིའི་སྐྱེད་དུ་འགྱུར༔

爹東　掙扎里_以　涅杜糾_爾

成為空樂拙火之根器

ཕྱག་རྒྱའི་རིག་འཛིན་གྱི་ས་བོན་ཐེབས༔

洽加_以　瑞_克珍吉　薩噴貼_布

種下手印持明種子

ཆོས་སྐུའི་གོ་འཕང་ཐོབ་པའི་སྐལ་པ་རྒྱུད་ལ་བཞག༔

雀顧_以　果旁　陀貝　給_爾巴　菊拉俠_克

心具得法身佛位之堪能性

སྣང་ཡང་ཐུགས་ཀའི་ཧཱུྃ་ལས་ཧཱུྃ་ཡིག་གཉིས་པ་ཞིག་སྐར་མདའ་འཕངས་པ་བཞིན་དུ་ཆད༔

拉ᵉⁿ羊 突給ⁱ 吽雷 吽宜ᵏ 尼巴悉ᵏ 嘎ᵉⁿ達 胖巴 幸杜切

復由心間中吽字猶如流星般射出第二吽字

རང་སེམས་དང་ཐ་དད་མེད་པར་འདྲེས༔

讓仙ᵐᵘ當 塔爹 美巴ᵉⁿ爹

與自心無異合一

ཀུན་གཞིའི་ལས་དང་ཤེས་བྱའི་སྒྲིབ་པ་སྦྱངས༔

滾悉ⁱ 雷當 斜姐ⁱ 第巴江

清淨阿賴耶業及所知障

ཡེ་ཤེས་རྡོ་རྗེའི་བྱིན་རླབས་ཞུགས༔

耶斜 多傑ⁱ 金拉俗ᵏ

得智慧金剛之加持

ཚིག་གིས་མཚོན་པ་དོན་དམ་གྱི་དབང་ཐོབ༔

器記 村巴 東當ᵐᵘ機 王透ᵇᵘ

獲文字表示勝義灌頂

ག་དག་རྟོགས་པ་ཆེན་པོའི་སྣོད་དུ་གྱུར༔

嘎塔_克 卓巴 千貝_以 涅杜糾_爾

成為本淨大圓滿根器

ལྷུན་གྲུབ་རིག་འཛིན་གྱི་ས་བོན་ཐེབས༔

吞足 瑞珍記 薩噴貼_布

種下任運持明種子

མཐར་ཐུག་གི་འབྲས་བུ་ངོ་བོ་ཉིད་སྐུའི་སྐལ་པ་ཅན་ལ་བཞག༔

塔_爾突記 賊布 娥哦 尼故_以 給_爾巴 菊拉俠_克

心具極果法界體性身佛位之堪能性

དེ་ལྟར་འདོན་བསྒོམ་ཟུང་འཇུག་པས་ལམ་དབང་བླང་བཞར།

【如是觀頌雙運　領受灌頂已】

ནམ་ཞིག་ཚེ་ཡི་དུས་བྱས་ཚེ༔

那_木悉 切宜 杜杰脆

一旦報盡命終時

རང་སྣང་རྗེ་ཡབ་དཔལ་རིའི་ཞིང༔

讓朗　雅牙　貝兒瑞以幸

自顯拂塵德山剎 【蓮師淨土】

ཟུང་འཇུག་སྤྲུལ་པའི་ཞིང་ཁམས་སུ༔

松就克　珠兒貝　幸康木蘇

雙運變化淨土中

གཞི་ཡུས་རྡོ་རྗེ་རྣལ་འབྱོར་མ༔

夕律　多傑　內兒糾爾瑪

自身金剛瑜伽母

གསལ་འཚེར་འོད་ཀྱི་གོང་བུ་རུ༔

薩兒策爾　韋記　供木布魯

轉成明亮光圓團

གྱུར་ནས་རྗེ་བཙུན་པད་འབྱུང་དང་༔

糾爾涅　傑尊　貝炯當

與至尊師蓮花生

དབྱེར་མེད་ཆེན་པོར་སངས་རྒྱས་ཏེ༔

也㘉美　千波㘉　桑傑爹

大無別中證佛果

བདེ་དང་སྟོང་པའི་ཆོ་འཕྲུལ་གྱི༔

爹當　東貝　切秋兒記

樂空雙運之神變

ཡེ་ཤེས་ཆེན་པོའི་རོལ་པ་ལས༔

耶些　千貝　柔巴雷

廣大智慧之化現

ཁམས་གསུམ་སེམས་ཅན་མ་ལུས་པ༔

堪木松　森木間　瑪律巴

三界有情一無餘

འདྲེན་པའི་དེད་དཔོན་དམ་པ་རུ༔

珍貝　爹本　當木巴魯

最勝引導調御士

ཇེ་བཙུན་པདྨས་དབུགས་དབྱུང་གསོལ༔

傑尊　貝瑪_以　烏雍索_兒

祈請蓮師賜慰藉

གསོལ་བ་སྙིང་གི་དཀྱིལ་ནས་འདེབས༔

索爾瓦　寧<u>記</u>　<u>記</u>_兒涅爹

至心啟白復祈請

ཁ་ཚིག་ཚིག་ཙམ་མ་ཡིན་ནོ༔

卡簪_木　器簪_木　瑪因諾

非僅言詞口言說

བྱིན་རླབས་ཐུགས་ཀྱི་ཀློང་ནས་སྩོལ༔

今拉_布　圖<u>記</u>　龍涅這_兒

由心中心賜加持

བསམ་དོན་འགྲུབ་པར་མཛད་དུ་གསོལ༔

沙_木敦　珠巴_爾　傑杜索_兒

心願成辦敬祈請

བླ་མའི་ཐུགས་ཀ་ནས་འོད་ཟེར་དམར་པོ་དྲོད་དང་བཅས་པ་ཞིག༔

拉妹_以　突嘎涅　約絲_爾　瑪_爾波　決當　界巴悉_克

觀由上師心間放一明亮紅暖光

ཕལ་གྱིས་བྱུང་བདག་ཉིད་རྗེ་རྗེ་ལ་འཕྲོ་མར་གསལ་བའི༔

威_兒吉　炯瓦　達尼　多傑　內_兒糾_爾瑪_爾　西_兒韋_以

僅觸及自觀瑜伽母心間

སྙིང་ཁར་རེག་པ་ཙམ་གྱིས་འོད་དམར་གྱི་གོང་བུ་ཞིག་ཏུ་གྱུར་ནས༔

寧卡_爾　瑞巴　簪記　約瑪_爾記　供布　悉杜糾_爾涅

即轉變成紅光團

གུ་རུ་རིན་པོ་ཆེའི་ཐུགས་ཀར་ཐིམ་པས་དབྱེར་མེད་རོ་གཅིག་ཏུ་གྱུར།

咕嚕仁波切　突嘎_爾聽_木北　耶_爾美　若機杜糾_爾

融入蓮師心中　觀想與其無別合成一味

བར་བསྐྱོམ་ཞིང་དམིགས་པ་བསམ་བརྗོད་དང་བྲལ་བའི་ངང་ལ་མཉམ་པར་བཞག་གོ།

【於離言思中禪坐】

上師虔心祈請文

ༀ　དཔལ་ལྡན་རྩ་བའི་བླ་མ་རིན་པོ་ཆེ།

巴_爾顛　札韋_以　拉瑪　仁波切
具足功德根本上師寶

བདག་གི་སྙིང་གར་པདྨའི་གདན་བཞུགས་ལ།

達記　寧嘎_爾　貝瑪_以　電俗拉
住我心間蓮花座墊上

བཀའ་དྲིན་ཆེན་པོའི་སྒོ་ནས་རྗེས་བཟུངས་ཏེ།

嘎珍　千波_以　果涅　杰松_木爹
已由大慈恩門攝受我

སྐུ་གསུང་ཐུགས་ཀྱི་དངོས་གྲུབ་སྩལ་དུ་གསོལ།

顧松　突寄　娥足　這_爾杜所_爾
祈請賜予身語意成就

དཔལ་ལྡན་བླ་མའི་རྣམ་པར་ཐར་པ་ལ།

巴_爾登　拉妹_以　囊_木巴_爾　塔_爾巴拉
具德上師之事跡行儀

སྐད་ཅིག་ཙམ་ཡང་ལོག་ལྟ་མི་སྐྱེ་ཞིང་།

給吉兒 簪木羊 洛達 米給幸

雖僅剎那亦不生邪見

ཅི་མཛད་ལེགས་པར་མཐོང་བའི་མོས་གུས་ཀྱིས།

吉杰 累巴爾 通瓦以 咩古吉

以見所作皆善之勝解

བླ་མའི་བྱིན་རླབས་སེམས་ལ་འཇུག་པར་ཤོག

拉瑪以 金拉 仙木拉 竹巴爾秀

祈願上師加持入我心

སྐྱེ་བ་ཀུན་ཏུ་ཡང་དག་བླ་མ་དང་།

借瓦 滾杜 羊搭克 拉瑪當

生生世世不離清淨師

འབྲལ་མེད་ཆོས་ཀྱི་དཔལ་ལ་ལོངས་སྤྱོད་ནས།

這爾美 雀記 貝爾拉 龍決涅

恆時受用妙法之殊德

ས་དང་ལམ་གྱི་ཡོན་ཏན་རབ་རྫོགས་ཏེ།

薩當　朗記　雍顛　惹布作爹

十地五道功德圓滿已

རྡོ་རྗེ་འཆང་གི་གོ་འཕང་མྱུར་ཐོབ་ཤོག

多傑　腔枝　果旁　紐爾陀秀克

祈願金剛持位速證得

བསྔོ་བ་ནི།

回向

༈　དགེ་བ་འདི་ཡིས་སྐྱེ་བོ་ཀུན།

給瓦 帝宜 界哦滾

眾生由此妙淨善

བསོད་ནམས་ཡེ་ཤེས་ཚོགས་རྫོགས་ཤིང་།

索那木 耶些 錯作新克

圓滿福慧二資糧

བསོད་ནམས་ཡེ་ཤེས་ལས་བྱུང་བའི།

索那木 耶些 雷炯韋

福德智慧所生之

དམ་པ་སྐུ་གཉིས་ཐོབ་པར་ཤོག

當木巴 顧尼 透布巴爾秀克

淨妙二身願獲得

འགྲོ་ཀུན་དགེ་བ་རྗེ་སྙེད་ཡོད་པ་དང་།

卓滾 給瓦 吉涅 約巴當

眾生所有一切淨善行

བྱས་དང་བྱེད་འགྱུར་དེ་བཞིན་བྱེད་པ་དག

杰當 杰糾_爾 爹幸 杰巴達_克

已作將作以及現正行

བཟང་པོ་རྗེ་བཞིན་དེ་འདྲའི་ས་དག་ལ།

桑波 吉幸 爹札_以 薩達_克拉

如是賢善如彼諸地中

ཀུན་ཀྱང་ཀུན་ནས་བཟང་པོར་རེག་གྱུར་ཅིག

滾江 滾涅 桑_爾波 瑞糾_爾機

祈願一切普皆成善妙

འཇམ་དཔལ་དཔའ་པོའི་རྗེ་ལྟར་མཁྱེན་པ་དང་།

江_木貝_兒 巴韋 吉達_爾 千巴當

文殊師利如實智

ཀུན་ཏུ་བཟང་པོ་དེ་ཡང་དེ་བཞིན་ཏེ།

滾杜 桑波 爹羊 爹幸爹

普賢菩薩亦復然

དེ་དག་ཀུན་གྱི་རྗེས་སུ་བདག་སློབ་ཅིང་།

爹達 滾記 杰蘇 達洛進

隨彼一切常修學

དགེ་བ་འདི་དག་ཐམས་ཅད་རབ་ཏུ་བསྔོ།

給瓦 地達 湯ㄇ傑 惹ㄅ杜娥

我今迴向諸善根

དུས་གསུམ་གཤེགས་པའི་རྒྱལ་བ་ཐམས་ཅད་ཀྱིས།

杜松ㄇ 斜貝ㄧ 杰ㄦ瓦 湯ㄇ接寄

三世諸佛所稱歎

བསྔོ་བ་གང་ལ་མཆོག་ཏུ་བསྔགས་པ་སྟེ།

娥瓦 岡拉 秋杜 雅巴爹

如是最勝諸大願

བདག་གི་དགེ་བའི་རྩ་བ་འདི་ཀུན་ཀྱང་།

達記 給韋 札瓦 帝滾江

我今回向諸善根

བཟང་པོར་སྤྱོད་ཕྱིར་རབ་ཏུ་བསྔོ་བར་བགྱི།

桑波 決契_爾 惹_布杜 娥瓦_爾記

為得普賢殊勝行

附註：我們必須先從一位具格的上師處接受灌頂，再修行此
　　　上師相應法儀軌；這種灌頂是一項許可，也是一種加持。

頂果欽哲法王上師相應法皈依境

文殊菩薩

蔣貢・羅卓・泰耶　　　　　　　　　蔣揚・欽哲・旺波

普巴金剛雙運　　　　　蓮師佛　　　　　金剛薩埵雙運

甲詫・局美・貝瑪・南賈　　　　米滂仁波切

囊美・達波・哈傑　　　　　　　　　　傑尊・札巴・給燦

竹拓・湯通・給波　　　　　　　　　帕濟・當巴・桑傑

多滇・達瓦・森哈　　　　　　　　炯敦・給尼・炯聶
　　　　　　　　金剛瑜伽母

附錄二

ༀཿ ཁྲ་བའི་རྩལ་འབྱོར་ཤུང་དུར་བསྒྲུབས་པ་བྱིན་རླབས་སྙིང་པོ་བཞུགས་སོ།།

頂果欽哲法王上師相應法短軌

འཕགས་པ་བཀྲིས་བརྒྱད་པའི་ཚིགས་སུ་བཅད་པ་བཞུགས་སོ།

八聖吉祥祈禱文

ༀཿ སྣང་སྲིད་རྣམ་དག་རང་བཞིན་ལྷུན་གྲུབ་པའི།

嗡 囊昔南_木達_克讓新婚竹_布貝_衣

圓滿自性顯現自清淨

བཀྲ་ཤིས་ཕྱོགས་བཅུའི་ཞིང་ན་བཞུགས་པ་ཡི།

札西秋_克居欣那秀_克巴宜

安住十方吉祥世界中

སངས་རྒྱས་ཆོས་དང་དགེ་འདུན་འཕགས་པའི་ཚོགས།

桑傑卻當給敦帕_克巴_衣措_克

頂禮一切佛法僧眾

ཀུན་ལ་ཕྱག་འཚལ་བདག་ཅག་བཀྲ་ཤིས་ཤོག

衰拉洽_克擦_兒達_克佳札_克西秀_克

我等頂禮祈願大吉祥

སྒྲོན་མེའི་རྒྱལ་པོ་རྩལ་བརྟན་དོན་གྲུབ་དགོངས

敦美_衣葛_兒波札_兒滇敦竹_布貢

燈王佛賢勇佛憶成佛

བྱམས་པའི་རྒྱན་དཔལ་དགེ་གྲགས་དཔལ་དམ་པ

敦_木貝_衣間巴_兒給札_克巴_兒當_木巴

慈嚴德佛最善吉祥佛

ཀུན་ལ་དགོངས་པ་རྒྱ་ཆེར་གྲགས་པ་ཅན

衰拉貢巴甲切_爾札_克巴間

具諸密意廣大吉祥佛

བློན་པོ་ལྷར་འཕགས་རྩལ་གྲགས་དཔལ་དང་ནི

婚波大_爾帕_克札_爾乍貝_兒當尼

聖力如須彌吉祥佛

སེམས་ཅན་ཐམས་ཅད་ལ་དགོངས་གྲགས་པའི་དཔལ།

森木間湯木界拉共札克貝衣巴兒

一切有情密意吉祥佛

ཡིད་ཆེས་མཛད་པ་རྩལ་རབ་གྲགས་དཔལ་ཏེ།

義慶木這巴則兒日不達克巴爾喋

巍然大力咸滿有情願

མཚན་ཙམ་ཐོས་པས་བཀྲ་ཤིས་དཔལ་འཕེལ་བ།

千簪木推巴衣札西巴兒佩兒哇

即聞聖名增德增吉祥

བདེ་བར་གཤེགས་པ་བརྒྱད་ལ་ཕྱག་འཚལ་ལོ།

爹哇爾謝克巴傑拉洽克擦兒洛

八大善逝我頂禮

འཇམ་དཔལ་བཞོན་ནུ་དཔལ་ལྡན་རྡོ་རྗེ་འཛིན།

蔣木巴兒薰奴貝爾店多傑景

孺童文殊具德金剛手

སྤྱན་རས་གཟིགས་དབང་མགོན་པོ་བྱམས་པའི་དཔལ།

間若晉_克望衰波蔣_木貝_衣巴_兒

聖觀世音怙主彌勒尊

ས་ཡེ་སྙིང་པོ་སྒྲིབ་པ་རྣམ་པར་སེལ།

薩宜寧波吉_木巴南_木巴_爾色_兒

地藏菩薩除蓋障菩薩

ནམ་མཁའི་སྙིང་པོ་འཕགས་མཆོག་ཀུན་ཏུ་བཟང་།

南_木溪_衣寧波帕_克秋_克衮讀尙

虛空藏及普賢大菩薩

ཨུཏྤལ་རྡོ་རྗེ་པད་དཀར་ཀླུ་ཤིང་དང་།

烏巴_兒拉多傑杯嘎_爾路心當

青蓮花、杵、白蓮花、龍樹

ནོར་བུ་ཟླ་བ་རལ་གྲི་ཉི་མ་ཨེ།

諾_爾布達哇拉_爾滴尼瑪伊

如意月輪寶劍和日輪

ཕྱག་མཚན་ལེགས་བསྣམས་བཀྲ་ཤིས་དཔལ་གྱི་མཆོག

洽_克稱類_克南_木札西貝_兒記秋_克

持善法幟吉祥德殊勝

བྱང་ཆུབ་སེམས་དཔའ་བརྒྱད་ལ་ཕྱག་འཚལ་ལོ

江秋_布森_木巴給拉洽_克擦_兒洛

八大菩提薩埵我頂禮

རིན་ཆེན་གདུགས་མཆོག་བཀྲ་ཤིས་གསེར་གྱི་ཉ

領千讀_克秋_克札西謝_爾記娘

殊勝寶傘吉祥金色魚

འདོད་འབྱུང་བུམ་བཟང་ཡིད་འོང་ཀ་མ་ལ

對瓊奔桑_木宜翁葛瑪拉

滿願寶瓶悅意青蓮花

སྙན་གྲགས་དུང་དང་ཕུན་ཚོགས་དཔལ་བེའུ

捻札_克東當噴措_克巴_兒貝烏

聞聲法螺圓滿吉祥結

མི་ནུབ་རྒྱལ་མཚན་དབང་བསྒྱུར་འཁོར་ལོ་སྟེ།

米奴佈傑兒稱汪珠爾扣爾婁喋

勝利寶幢統攝之金輪

རིན་ཆེན་རྟགས་མཆོག་བརྒྱད་ཀྱི་ཕྱག་མཚན་ཅན།

仁千大克秋克皆記洽克趁間

殊勝瑞相八聖吉祥寶

ཕྱོགས་དུས་རྒྱལ་བ་མཆོད་ཅིང་དགྱེས་བསྐྱེད་མ།

秋克迪傑兒哇缺近給結媽

供養十方諸佛祈納受

སྐྱེག་སོགས་རོ་བོ་དྲན་པས་དཔལ་སྐྱེལ་བའི།

給克索哦臥貞卑巴兒貝兒威

增長善妙滋潤自性德

བཀྲ་ཤིས་ལྷ་མོ་བརྒྱད་ལ་ཕྱག་འཚལ་ལོ།

札西哈莫傑拉洽擦洛

八大吉祥天女我頂禮

ཚངས་པ་ཆེན་པོ་བདེ་འབྱུང་ཁྱབ་འཇུག་དང་།

倉巴千波喋窘西美布

大梵天大自在遍入天

མིག་སྟོང་ལྷུན་དང་རྒྱལ་པོ་ཡུལ་འཁོར་སྲུང་།

密_克東滇當傑_兒波由_兒寇_爾松_木

帝釋天王及持國天王

འཕགས་སྐྱེས་པོ་དང་ཀླུ་དབང་མིག་མི་བཟང་།

帕_克給波當路望密_克咪桑

增長天王龍王廣目天

རྣམ་ཐོས་སྲས་ཏེ་ལྷ་རྫས་འཁོར་ལོ་དང་

南_木推西諜哈_兒這寇_爾婁當

多聞天王俱持天寶輪

ཏྲི་ཤུལ་དང་མདུང་ཐུང་རྡོ་རྗེ་ཅན།

滴修_兒拉當東通多傑間

輪三叉戟短予金剛杵

ཡེ་ཤེ་རལ་གྲི་མཆོད་རྟེན་རྒྱལ་མཚན་འཛིན།

必望木蕊滴缺滇姐爾趁金

琵琶寶劍寶塔勝寶幢

ས་གསུམ་གནས་སུ་དགེ་ལེགས་བཀྲ་ཤིས་སྐྱེལ།

薩克順木內蘇給克類札西貝兒

三界之中善妙增吉祥

འཇིག་རྟེན་སྐྱོང་བ་བརྒྱད་ལ་ཕྱག་འཚལ་ལོ།

及克電炯哇給拉洽克擦兒洛

世間八大護法我頂禮

བདག་ཅག་ད་ལྟ་འདིར་བྱ་རྩོམ་པ་ལ།

達克架滇地爾洽哇忠木巴拉

我等如今所作諸事業

གེགས་དང་ཉེ་བར་འཚེ་བ་ཀུན་ཞི་ནས།

給克當涅哇爾切哇衰習內

一切障礙惱害悉消弭

འདོད་དོན་དཔལ་འཕེལ་བསམ་དོན་ཡིད་བཞིན་འགྲུབ།

對敦巴_兒佩_兒散_木敦義新竹_布

滿願增德如意皆成就

བཀྲ་ཤིས་བདེ་ལེགས་ཕུན་སུམ་ཚོགས་པར་ཤོག

札西喋類_克噴順_木措_克巴_爾秀_克

吉祥如意祈願臻圓滿

蓮師七句祈請文

ཧཱུྃ༔ཨོ་རྒྱན་ཡུལ་གྱི་ནུབ་བྱང་མཚམས༔

吽　烏金由_爾吉奴江燦_木

烏金淨土西北隅

པདྨ་གེ་སར་སྡོང་པོ་ལ༔

貝瑪給沙_爾東坡拉

蓮花花莖蓮胚上

ཡ་མཚན་མཆོག་གི་དངོས་གྲུབ་བརྙེས༔

亞趁秋_克記娥竹_布涅

勝妙悉地成就尊

པདྨ་འབྱུང་གནས་ཞེས་སུ་གྲགས༔

貝瑪炯涅謝蘇札_克

稱揚聖名蓮花生

འཁོར་དུ་མཁའ་འགྲོ་མང་པོས་བསྐོར།

闊_爾讀康卓茫杯果_爾

空行眷屬眾圍繞

ཁྱེད་ཀྱི་རྗེས་སུ་བདག་བསྒྲུབ་ཀྱི།

溪記接蘇達_以竹_布記

我今發心如尊行

བྱིན་གྱི་རློབས་ཕྱིར་གཤེགས་སུ་གསོལ།

金基拉_布企_爾謝_克蘇索_兒

祈請降臨賜加持

གུ་རུ་པདྨ་སིདྡྷི་ཧཱུྃ།

咕嚕貝瑪悉地吽

【蓮師心咒】

欽哲仁波切祈請文

༈ རྣལ་འབྱོར་མཁས་གྲུབ་རྒྱ་མཚོས་རྗེས་སུ་བཟུང་།

達札爾窓竹不賈措傑素簪

無等聖哲海眾所攝受

དྲིས་མེད་ཐུབ་པའི་བསྟན་ལ་ཐོས་བསམ་མཛད།

直衣昧吐不杯殿拉退桑木曰誅

於諸無垢佛法聞復思

བསྟན་འགྲོ་སྐྱོན་པའི་སེམས་ཀྱི་གོ་ཆ་ཅན།

殿軸面杯洗木記苟恰間

披利益教眾心之甲冑

འཇིགས་མེད་མཁྱེན་བརྩེའི་འོད་ཟེར་གསོལ་བ་འདེབས།

吉美千這偉瑟叟哇爹

無畏悲智之光前祈請

སྐུལ་བས་རྗེ་ཉིད་ཀྱི་ཞལ་གསུང་མཛོ།

【法王親口所說】

皈依　發菩提心祈請文

།བདག་སོགས་འགྲོ་ཀུན་དེང་ནས་བྱང་ཆུབ་བར།

達叟軸滾迭_恩餒蔣去_不巴_兒

我等眾生今起菩提間

།ངེས་འབྱུང་སྙིང་རྗེ་ཡིད་ཆེས་དད་པ་ཡིས།

你炯寧傑依切爹巴以

恆以出離悲憫誠淨信

།བླ་མ་དཀོན་མཆོག་རྩ་གསུམ་སྐྱབས་སུ་མཆི།

喇嘛滾秋札順價_不素企

皈依上師三寶三根本

།འགྲོ་ཀུན་སྲིད་ཞི་ལས་གྲོལ་སེམས་བསྐྱེད་དོ།　ལན་གསུམ་གྱིས་སྐྱབས་སེམས་བྱས་ལ།

軸滾弘席累軸森_木給斗　【唸三遍】

發心度脫眾生離有寂

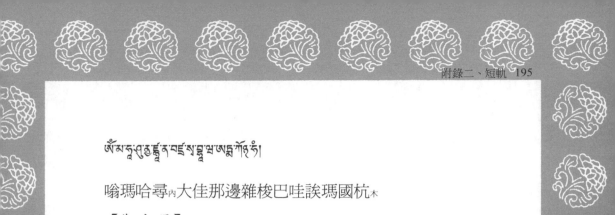

嗡瑪哈尋（內）大佳那邊雜梭巴哇誒瑪國杭（木）

【觀空咒】

碓滾記（爾）囊耶些柔莫切
所顯法皆智慧大變化

捏巴雅電歐民杜波貴
具五決定無上密嚴刹

壤尼南就瑪沙（兒）堵（恩）記卡（兒）
自觀為瑜伽母前空中

先契達播（爾）日（衣）達殿記定
獅座綢軟鹿墊上為

ཁྱུད་གར་དབང་མཆོག་སྤྲུལས་གྱེང་པ་ནི།

貝瑪嘎旺多雅寧巴尼

蓮舞自在顯密洲尊者

དཀར་གསལ་མཆན་དཔེའི་གཟི་འབར་མཆོས་འཛུམ་ལྡན།

嘎沙兒稱貝以斯巴拉日談潤木殿

白亮相好威儀俊笑姿

ཕྱག་གཉིས་ཆོས་འཆད་མཉམ་བཞག་རལ་པོད་དང་།

恰尼確切釀木暇曰阿播喂黨

二手說法定印劍經及

ཚེ་བུམ་པད་སྡོང་སྟེང་དུ་རྡོ་རྗེ་རལ་མཆན།

次談不木貝洞定杜斗滴衣參

長壽瓶蓮花莖蓮花上鈴杵飾

དབུ་སྐྲ་ལྷུང་ལོ་པདྨ་མཐོང་གྲོལ་དང་།

務札江洛貝瑪通卓黨

髮披垂戴蓮花見度帽

།ཆོས་གོས་གསུམ་གསོལ་རྡོ་རྗེའི་སྐྱིལ་ཀྲུང་བཞུགས།

確歸素木叟爾多傑既重席吳

披三法衣金剛跏趺坐

།དཔལ་བར་འབྲུམ་སྟོན་མཐྲིན་པར་གྲགས་པ་རྒྱལ།

札兒哇種敦直音巴了札巴佳

額中<u>種敦</u>喉中<u>札巴佳</u>

།ཐུགས་ཀར་འཇམ་དཔལ་ཞི་ཁྲོ་ལྟེ་བ་རུ།

突嘎價木巴日息臭爹哇如

心中靜忿文殊臍輪中

།དྭགས་པོ་ལྷ་རྗེ་གསང་གནས་སྔ་གི་དཔལ།

達波拉傑桑內先給巴

達波拉傑密處先給巴

།རིགས་ཀྱི་བདག་པོ་ཨོ་རྒྱན་རྡོ་རྗེ་འཆང་།

日衣格記達波歐檢多傑腔

部之主為烏金金剛持

།འཁོར་དུ་མཆོག་གསུམ་རང་རྒྱས་སྤྲུལ།

扣堵秋素ォ札素ォ桑傑謝

周旁三寶三根佛菩薩

སྤྲུབས་གནས་རྒྱ་མཚོ་ཚོགས་ཀྱིས་བསྐོར་བར་གསལ།

價ォ內佳措措記夠兒巴沙兒

明觀皈依境海眾環繞

།ཞིས་ཚོགས་རྟེན་གསལ་གདབ་པའི་མདུན་ནས་ལག་བདུན་གྱི་བསགས་སྦྱང་ནི།

【於所明觀之此福田之跟前，作聚資糧淨罪障之
七支供養】

七支供養

།སྐྱབས་གནས་ཀུན་འདུས་རྗེ་བཙུན་བླ་མ་ལ།

價_不內滾堵_與直_音間喇嘛拉

皈處總集具恩上師前

བདག་དང་མཁའ་མཉམ་འགྲོ་བ་ལུས་ཀུན།

達當卡尼_{諶木}卓瓦瑪呂滾

我暨等虛空一切眾生

།གོ་གསུམ་གུས་པ་ཆེན་པོས་ཕྱག་འཚལ་ཞིང་།

苟素_木古_與巴千波恰擦形

三門以大虔敬頂禮且

།ལུས་དང་ལོངས་སྤྱོད་ཀུན་བཟང་མཆོད་སྤྲིན་འབུལ།

呂當龍倔滾桑卻直_音不_兒

身及受用普賢供雲獻

།ཚེ་རབས་བསགས་པའི་སྡིག་ལྗོང་སྙིང་ནས་བཤགས།

次_誒日_{阿不}薩杯地東寧餒夏

生世所積罪墮誠心懺

།བྱང་ཆུབ་སྤྱོད་མཆོག་རྒྱ་མཚོར་རྗེས་ཡི་རང་།

蔣去倔秋賈_木措傑以讓

菩提殊勝行海皆隨喜

།ཆོས་འཁོར་བསྐོར་བཞིན་རྟག་ཏུ་བཞུགས་གསོལ་འདེབས།

確扣_兒夠信大杜席_吳梭爹_不

祈請轉動法輪而長駐

།དགེ་ཚོགས་འགྲོ་ཀུན་རྣམ་མཁྱེན་ཐོབ་ཕྱིར་བསྔོ།

給措卓棍那_木千透_不企吾

眾善回向眾生證遍智

གསོལ་འདེབས་རྒྱས་བསྡུས་དང་། ཚིགས་བཅད་གསོལ་འདེབས་གཙོ་བོར་བྱ།

【如此或廣或略之祈請文，並以蓮師祈請文為主
來祈請】

蓮師七句祈請文

ཧཱུྃཿ ཨོ་རྒྱན་ཡུལ་གྱི་ནུབ་བྱང་མཚམས།

吽 烏金由_爾吉奴江燦_木

烏金淨土西北隅

པདྨ་གེ་སར་སྡོང་པོ་ལ།

貝瑪給沙_爾東坡拉

蓮花花莖蓮胚上

ཡ་མཚན་མཆོག་གི་དངོས་གྲུབ་བརྙེས།

亞趁秋_克記娥竹_布涅

勝妙悉地成就尊

པདྨ་འབྱུང་གནས་ཞེས་སུ་གྲགས།

貝瑪炯涅謝蘇札_克

稱揚聖名蓮花生

འབོར་དུ་མཁའ་འགྲོ་མང་པོས་བསྐོར།

闊讀康卓茫杯果

空行眷屬眾圍繞

ཁྱེད་ཀྱི་རྗེས་སུ་བདག་བསྒྲུབ་ཀྱི།

溪記接蘇達_以竹_布記

我今發心如尊行

བྱིན་གྱི་རློབས་ཤིར་གཤེགས་སུ་གསོལ།

金基拉_布企_爾謝_克蘇索_兒

祈請降臨賜加持

གུ་རུ་པདྨ་སིདྡྷི་ཧཱུྃ།

咕嚕貝瑪悉地吽

【蓮師心咒】

欽哲仁波切祈請文

།སངས་རྒྱས་ཀུན་གྱི་མཁྱེན་གཉིས་ཡེ་ཤེས་གཟུགས།

桑傑滾記借尼耶些俗

一切佛之二智智慧體

།འཇུ་ཆེན་ཡེ་ཤེས་རྣམ་རོལ་འཇམ་དཔལ་དབྱངས།

自_談千耶些那_木柔蔣巴漾

大悲智慧幻化妙吉祥

།ཐུབ་བསྟན་ཤིང་རྟ་མཁས་གྲུབ་དབང་པོ་ཆེ།

突電杏大客竹_木旺波切

佛法車乘聖哲之大主宰

པདྨ་མདོ་སྔགས་གླིང་པར་གསོལ་བ་འདེབས།　　ཅི་ནུས་དང་།

貝瑪斗雅林巴梭瓦爹_不　　【唸愈多愈好】

蓮花顯密洲尊前祈請

།ཨོཾ་ཨཱཿ་ཧཱུྃ་བཛྲ་མ་ཧཱ་གུ་རུ་མཉྫུ་ཤྲཱི་བྷཱ་ཊ་ཨ་པ་ར་ཙ་ན་དྷཱི་དྷཱི་དྷཱི། ས་ར་སི་དྷི་ཧཱུྃ།

嗡阿吽班渣瑪哈咕嚕芒嘎拉西利布第阿昌阿巴札那
滴滴滴沙兒瓦悉地吽

བླ་མ་འཇམ་དཔལ་དབྱེར་མེད་པའི་མཚན་སྔགས་བཟླས་པའི་མཐར།

【唸上師與文殊無別之咒後】

།བླ་མའི་འབྲུ་གསུམ་རྡོ་རྗེའི་གནས་གསུམ་ལས།

拉妹內素木多傑竹素木累
由上師三處三金剛字

།འོད་ཟེར་བདུད་རྩི་རིམ་དང་ཅིག་ཅར་བྱུང་།

偉瑟衣堵與自衣日衣木党吉價烔
依序同時放光明甘露

།རང་གི་གནས་གསུམ་ཞུགས་ཤིང་ཐིམ་པ་ཡིས།

讓記內素木席與信替木巴衣
進入自己三處並融合

།དབང་བསྐུར་སྒྲིབ་བྱང་དབང་དང་དངོས་གྲུབ་ཐོབ།

旺故直_{衣不}蔣旺党_{五竹}不透不

灌頂障淨得灌獲成就

།མཐར་ནི་བླ་མ་འོད་ཞུ་རང་ལ་ཐིམ།

他_爾尼喇嘛偉席_與嚷拉替_木

最後上師化光融入己

།ཕྱགས་ཡིད་གཉིག་འདྲེས་དགོངས་པའི་རྩལ་ཆེན་རྫོགས།

途衣記直_埃拱杯札千柔

意心合一密意大力圓

།དུས་གསུམ་རྟོགས་པས་མ་བསྒྲ་གཤུག་མའི་དང་།

都_與素_木豆貝瑪雷尼_勿昧楞

三世妄想所不染之始境

།བློ་འདས་འོད་གསལ་ཆོས་སྐུའི་རང་ཞལ་བལྟ།　ཞེས་བརྗོད་ཅིང་མཉམ་པར་བཞག

洛爹偉沙_兒確故壞暇_爾大　【唸誦此句後　需靜坐一下】

觀離意光明法身之本貌

回向

དགེ་བ་འདི་ཡིས་བདག་སོགས་ལྱེན་ཅན་ཀུན།

給哇笛衣達叟儀見滾

願此善我等諸有情

།འཁོར་ལོའི་མགོན་པོས་འབྲལ་མེད་རྗེས་བཟུང་ནས།

扣_兒洛苟_恩杯札_兒昧傑聳餒

輪壇主所不離攝受後

།དད་དང་མོས་གུས་དམ་ཚིག་རྣམ་དག་པས།

爹檔莫_爲固_與達_木次_衣那_木達杯

信及虔誠誓句清淨下

།རྗེ་བཙུན་བླ་མའི་གོ་འཕང་མྱུར་ཐོབ་ཤོག

傑尊拉妹苟旁尼_勿透_不秀

速證至尊上師之果位

།ཅེས་དབང་ལེན་དང་བསྔོ་སྨོན་གྱིས་མཇུག་བསྡུ་བར་བྱའོ།།ཞེས་སྤྲུལ་བྲིས་པའི་བླ་སྒྲུབ་ལ་རྒྱུན་ཁྲིར་ཉམས་ལེན་བ་
སྟུས་པ་ཞིག་དགོས་ཞེས་རྣམ་པར་དཀར་བའི་བློ་རྒྱུད་ཕྱུག་པ་ཟང་ཟང་སྤྲུས་འཛིན་དཔོན་བཙུནཔདྨ་མཆོག་གྲུབ་དང་
ང་མོ་ནས་བསྐུལ་བ་ལྟར་འཇིགས་མེད་མཁྱེན་བརྩེའི་འོད་ཟེར་གྱིས་བྲིས་པ་སྐྱེ་ཀུན་བླ་མ་མཆོག་དང་མི་འབྲལ་བར་
རྡོ་རྗེའི་ཡེ་ཤེས་ཆེན་པོས་མྱུར་དུ་སྨིན་པའི་རྒྱུར་གྱུར་ཅིག །

◎如是接受灌頂及回向發願來完成結行收攝！ 此係
　心地清淨善良的　　貝瑪丘助旺莫針對昔日所寫之
　上師修法，請求賜予一個易於常修的略軌，依於此
　請 吉美欽哲感謝寫成，願令眾生們在與殊勝上師不
　稍分離中，藉金剛大智而速獲成熟兮。

冉江仁波切長壽祈請文

༄ ཨོཾ་སུ་སྟི།

嗡梭帝

།ཐག་བརྟན་གཟིམ་གཞིག་བྲལ་བ་རྡོ་རྗེའི་སྐུ།

大滇雄席札哇多傑固

常住遠離毀壞金剛身

།ཚངས་དབྱངས་འགགས་པ་མེད་པ་རྡོ་རྗེའི་གསུང་།

蒼樣嘎克巴妹巴多傑松

梵音無礙無滅金剛語

།ཟག་བྲལ་བདེ་སྟོང་རྡོ་རྗེའི་ཐུགས་མངའ་བའི།

少克札兒喋東多傑突雅威

無漏樂空金剛意具之

།རྩ་གསུམ་ཚེ་ལྷའི་ཚོགས་ཀྱིས་དགེ་ལེགས་སྩོལ།

札孫木冊哈措克記給列克作兒

三根本長壽尊賜吉祥

།ཀུན་བཟང་པདྨའི་རིང་ལུགས་རྫོགས་པ་ཆེའི།

袞桑貝美仁洛_克卓_克巴切

普賢蓮花傳承大圓滿

།བསྟན་པའི་ཉི་མ་མཚུངས་མེད་རབ་འཕྲམས་པ།

滇貝尼瑪充妹惹_布將_木巴

教法之日無匹博通者

བཤད་སྒྲུབ་ཆོས་ཀྱི་སེང་གེ་བླ་བྲལ་མཆོག

謝竹卻_布旗星給大札_兒秋_克

講修法獅子無比殊勝

།གསང་གསུམ་རྡོ་རྗེའི་ཁམས་སུ་བརྟན་གྱུར་ཅིག

桑孫_木多傑康_木素滇久_爾寄_克

願堅住於三寶金剛界

མདོ་སྔགས་བསྟན་པ་གཉིས་ལྡན་དར་སྤྲིག་སྟེའི།

朵雅_克滇巴尼滇阮密_克喋

經咒教法二具僧團之

།དད་བསོད་རྒྱལ་མཚན་རྩེ་ན་ཐུག་བརྟན་ཞིང་།

喋歲給_兒珍這納大_克滇星

信服勝利幢頂常住且

འབོར་ལོ་གསུམ་གྱི་ཕྲིན་ལས་དར་ཞིང་རྒྱས།

扣_爾洛孫_木旗聽列大_爾興傑

三輪之事業增廣興盛

།སྙན་གྲགས་འཛམ་གླིང་ཡོངས་ལ་ཁྱབ་གྱུར་ཅིག།

涅札_克詹_木林永拉恰_布久_爾寄_克

祈願美譽遍滿瞻部洲

救尊 頂果欽哲轉世仁波切長壽祈請文

ཨོཾ་སྭསྟི།

嗡梭帝

།རབ་འབྱམས་སྲས་བཅས་རྒྱལ་བའི་ཐུགས་རྗེ་དང་།

惹布將布謝界賈威突克傑當

浩瀚攜子勝者之尊悲

།མེད་འབྱུང་རྩ་བ་གསུམ་གྱི་བྱིན་རླབས་ཀྱི།

妹炯札哇孫木記僅拉布記

稀有三根本之加持力

།རྗེ་བཙུན་བླ་མ་མཁྱེན་བརྩེའི་གཏེར་ཆེན་པོའི།

傑尊喇嘛千傑喋爾千飛

尊德上師悲智大寶藏

།བསམ་བཞིན་སྤྲུལ་པའི་རོལ་གར་མཚུངས་ཟླ་བྲལ།

散木心竹兒貝對嘎爾充達札兒

如意化現歌舞無倫比

|ཨོ་རྒྱན་རྗེ་དྲང་རིན་གྲོལ་མདོ་སྔགས་ཀྱི།

烏金傑當旦_克豆卓雅_克記

烏金尊與無偏經咒之

|བསྟན་འཛིན་འཇིགས་མེད་ཕྱོགས་ལས་རྣམ་རྒྱལ་བའི།

滇金寄_克妹秋_克雷南_木賈_兒威

持教無畏十方尊勝之

|ཞབས་པད་མི་གཡིན་རྡོ་རྗེའི་ཁམས་སུ་བརྟན།

霞卑米細_克多傑康_木素滇

足蓮不壞堅固金剛界

|ཕན་བདེའི་བཞིན་དོན་མ་འབད་ལྷུན་འགྲུབ་ཤོག

篇喋_衣謝敦瑪北倫竹_布秀_克

利樂允事無勞願自成

ཅེས་པའང་སྐྱབས་རྗེ་དིལ་མཁྱེན་རྡོ་རྗེ་འཆང་ཆེན་པོའི་མཚོག་སྤྲུལ་རིན་པོ་ཆེ་གང་ཉིད་རྗེད་འབྱུང་སྐྱད་ཆོས་བྲག་ཕུ་
གསྲ་རྟེ་གངས་སྲིད་ཞིའི་རྣམ་འདྲེན་སྐྱབས་མགོན་རྒྱལ་བའི་དབང་པོ་མཚོག་ནས་མཚམ་བྱང་བགའ་རིན་དུ་རྩལ་ད་
ང་ཆབ་གཅིག་ན་བཟའ་སྐྱོན་འཕུལ་ཞུས་པའི་ཆེ་རྒྱུ་ལུ་སྐྱལ་དུ་འབོད་པ་དགེ་སྟོང་ཀུན་བྱོངས་པླ་གིན་རྣམ་མ་ཏེས་འ
དུན་སྐྱེན་གཅིག་པས་ཤིག་ཐག་བཀ་ཤིས།

གོ་བླའི་དགར་ཕྱོགས་ཀྱི་གྲུལ་ཚེས་ལ་བཟང་པོར་གྱིས་ཏེ་ཕུལ་བ་ཛ་ཨཏུ།།

༄༅ བླ་མ་སྐུ་ཁམས་བཟང་བར་གསོལ་བ་འདེབས།

喇嘛固康木桑哇爾梭兒哇喋布

願諸上師享有勝康健

།མཆོག་ཏུ་སྐུ་ཚེ་རིང་བར་གསོལ་བ་འདེབས།

丘克都固策領哇爾梭兒哇喋布

祈請尊貴上師常住世

།ཕྲིན་ལས་དར་ཞིང་རྒྱས་པར་གསོལ་བ་འདེབས།

欽雷達爾心結巴爾梭兒哇喋布

祈願上師妙行廣增延

།བླ་མ་དང་འབྲལ་བ་མེད་པར་བྱིན་གྱིས་རློབས།

喇嘛當這兒哇美巴爾欽吉洛布

永隨上師不捨祈加持

༄༅ སྐྱེས་བ་ཀུན་ཏུ་ཡང་དག་བླ་མ་དང་།

給哇棍肚洋達啦嘛當

世世不遠離上師

།འབུལ་མེད་ཆོས་ཀྱི་དཔལ་ལ་ལོངས་སྤྱོད་ཅིང་།

這美缺記吧拉龍訣敬

吉祥佛法願受用

།ས་དང་ལམ་གྱི་ཡོན་ཏན་རབ་རྫོགས་ནས།

沙當藍記圓殿日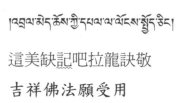卓內

地和道的功德極圓滿

།དཔལ་ལྡན་བླ་མའི་གོ་འཕང་མྱུར་ཐོབ་ཤོག

巴殿啦美果胖妞脫秀

具德上師的果位願速得

雪謙寺介紹：

康區雪謙寺

　　東藏康區的雪謙寺，是寧瑪派六大主寺之一，1695 年由冉江天佩嘉增建立。成立至今培養出許多偉大的上師，包括：雪謙嘉察、雪謙康楚、米滂仁波切、頂果欽哲仁波切、秋揚創巴仁波切，以及其他許多二十世紀重要的上師，都曾在此領受法教或駐錫在此。雪謙寺一直以來以其諸多上師和隱士們的心靈成就、佛學院的教學品質、正統的宗教藝術（儀式、唱誦、音樂和舞蹈）等聞名於世。

　　不幸的是，1957 年雪謙寺及其 110 座分寺被夷為平地。1985 年，頂果欽哲仁波切在流亡 25 年後回到西藏，於原址重建寺院，如今雪謙寺已重建起來，同時也恢復了部分的寺院活動，此外，也重建了佛學院。

尼泊爾雪謙寺、佛學院和閉關中心

　　尼泊爾雪謙寺是頂果欽哲法王離開西藏後，在尼泊爾波達納斯大佛塔旁所興建的分寺，以期延續西藏雪謙寺祖寺的佛教哲學、實修和藝術的傳統。尼泊爾雪謙寺的現任住持是第七世　雪謙冉江仁波切，冉江仁波切是頂果欽哲法王的孫子，也是心靈上的傳人，法王圓寂後，接下寺院及僧尼教育的所有重擔及責任，目前有 500 多名僧侶居住在此，並在此學習佛教哲學、音樂、舞蹈和繪畫等多方面課程。

　　仁波切也在此建立雪謙佛學院和雪謙閉關中心（南摩布達旁僻靜處），來擴展寺院的佛行事業。此外，為了延續唐卡繪畫的傳統，也建立了慈仁藝術學院，提供僧眾及海外弟子學習唐卡繪畫，延續珍貴的傳統藝術。

　　冉江仁波切在僧團內創立了一個完善的行政體系和組織，成為佛法教育、寺院紀律、佛行事業、正統修法儀式和實修佛法的典範。

印度菩提迦耶的雪謙寺和佛學中心

　　1996 年　冉江仁波切承續　頂果欽哲仁波切志業，在菩提迦耶建立了菩提迦耶雪謙寺。寺廟距離正覺佛塔只有幾分鐘的步行路程。除了寺院主殿外，還有設置僧房、客房、圖書室、國際佛學研究中心及佛塔等。此外，也成立了流動診所和藏醫診所，服務當地的居民。

　　承襲頂果欽哲法王志業，冉江仁波切也在印度八大聖地興建佛塔，除了菩提迦耶的

國際佛學中心外，在舍衛國等幾處聖地亦設有佛學中心。雪謙佛學研究中心定期提供深度研習佛教哲學和實修的課程，開放給來自世界各地的學生。另外，也陸續邀請寧瑪派及其他傳承的上師前來闡釋佛教經典，並且給予口傳。

不丹雪謙比丘尼寺

除了僧眾教育外，雪謙傳承也著力在復興比丘尼的佛學教育，頂果法王離開西藏後，在不丹雪謙烏金卻宗設立 1 座比丘尼寺，並在此傳授了許多重要的法教。目前，比丘尼寺內有 100 多名比丘尼，由 2 位雪謙佛學院的堪布在此教授讀寫、禪修等密集課程，完成基礎課程後，也同男僧般給予尼師們 9 年的佛學院課程。目前寺院內已有尼師們圓滿 9 年的佛學院課程，並且有 2 批尼師們圓滿了 3 年 3 個月的閉關實修課程。這些虔心向法的女性人數日益增加，冉江仁波切也規劃在此設立 1 處尼眾的閉關中心。

雪謙傳承上師介紹：

頂果欽哲仁波切

頂果欽哲仁波切是在西藏完成教育和訓練、碩果僅存的幾個有成就的上師之一，被公認為最偉大的大圓滿上師之一，也是許多重要喇嘛的上師，包括達賴喇嘛尊者、秋揚創巴仁波以及其他來自西藏佛教四大宗派的上師。頂果欽哲仁波切在不同領域都有所成就，而對一般人而言，這每一種成就似乎都要投入一輩子的時間才可能達成。仁波切曾經花了二十年的時間從事閉關，撰寫二十五卷以上的佛教哲理和實修法門，出版並保存了無數的佛教經典，以及發起無數的計畫來延續和傳播佛教思想、傳統和文化。然而，他認為最重要的一件事是，他自身所了悟和傳授的法教，能夠被其他人付諸實修。頂果欽哲仁波切深深觸動了東西方的弟子的心靈；他生生不息的法教和慈悲行止，正透過仁波切海內外的弟子努力延續下去。

頂果欽哲揚希仁波切

頂果欽哲揚希仁波切是頂果欽哲仁波切的轉世，1993 年 6 月 30 日出生於尼泊爾。由頂果欽哲仁波切最資深、最具證量的弟子楚西仁波切尋找認證。在尋找的過程中，楚西仁波切擁有許多夢境和淨見，清楚地指出轉世靈童的身分。揚希仁波切的父親是錫給丘林仁波切明久德瓦多傑，第三世秋吉德謙林巴的化身，祖古烏金仁波切的子嗣；母親是德謙帕嫫；仁波切出生　於藏曆雞年五月十日蓮師誕辰的那一天，並由尊貴的達賴喇

嘛尊者証實是「札西帕久（頂果欽哲仁波切的名諱之一）正確無誤的轉世」。

1995 年 12 月，楚西仁波切在尼泊爾的瑪拉蒂卡聖穴為欽哲揚希仁波切舉行典禮，賜名為烏金天津吉美朗竹。1996 年 12 月在尼泊爾雪謙寺，正式為欽哲揚希仁波切舉行座床大典，有數千位從世界各地前來的弟子參加典禮者。

目前欽哲揚希仁波切已完成相關佛學及實修課程，並從前世弟子，如：楚西仁波切、揚唐仁波切等具德上師處領受過去傳授給這些弟子的法教、灌頂及口傳，並於 2010 年向全世界正式開展其佛行事業。2013 年起，因冉江仁波切開始進行 3 年閉關，年輕的欽哲揚希仁波切也肩負起雪謙傳承相關佛行事業的重責大任，領導所有的僧團並授予法教。

雪謙冉江仁波切

雪謙冉江仁波切出生於 1966 年，是頂果欽哲仁波切的孫子和法嗣，由頂果欽哲仁波切一手帶大。從 3 歲起，冉江仁波切開始領受祖父頂果欽哲仁波切所傳的法教，直至今日，仁波切是這個從未間斷的傳承的持明者。 冉江仁波切幾乎參與頂果欽哲仁波切在二十五年間所主持的每一個傳法開示、竹千大法會和灌頂。並隨同頂果欽哲仁波切遊歷世界各地。

自從祖父頂果欽哲仁波切圓寂之後，冉江仁波切擔負起傳佈頂果欽哲仁波切法教的重責大任。包括承接了康區雪謙寺祖寺、尼泊爾雪謙寺、印度菩提迦耶雪謙寺、雪謙佛學院、雪謙閉關中心、八大聖地佛學中心及不丹比丘尼寺等龐大的僧團及佛學教育體系。另外，也在世界各地設置雪謙佛學中心，以弘揚雪謙傳承的教法，包括：法國、英國、墨西哥、香港、台灣等地，皆有由仁波切直接指派堪布在各地雪謙佛學中心給予海外弟子授課及傳法。

除了在尼泊爾、不丹及海外的佛學教育及文化保存工作，冉江仁波切也透過頂果欽哲基金會，回到藏地從事人道關懷及公益工作。2001 年以來頂果欽哲基金會在西藏各個地區〈康區、安多和西藏中部〉發起並監督多種人道計畫。內容包括：偏遠藏區的基礎建設（如：橋樑等）、醫療、學校及佛學院的興建、資助比丘尼、老人、孤兒及學生的援助等人道關懷。由於冉江仁波切的慈悲及努力不懈，也實現了頂果欽哲仁波切保存延續西藏佛教法教和文化的願景。

台灣雪謙寺的法脈傳承，歡迎您的加入與支持

　　雪謙法脈在台灣的佛學教育主要由堪布負責，堪布即為佛學博士，須在　雪謙冉江仁波切座下接受嚴格指導和正統佛學教育，並完成研習佛教經典、歷史以及辯經的九年佛學課程，對顯教密咒乘的典籍，都有妥善的聽聞學習完畢，其法教傳承實為珍貴難得。

　　目前尊貴的　雪謙冉江仁波切分別指派堪布　烏金徹林及堪布　耶謝沃竹來擔任高雄及台北佛學中心之常駐，負責中心的發展。

　　二處佛學中心所要傳遞給世人的是源自諸佛菩薩、蓮花生大士乃至頂果欽哲仁波切以來，極為清淨之雪謙傳承教法，而本教法的精神所在，也在教導世人如何學習並俱足真正的慈悲與智慧。秉持著這樣殊勝的傳承精神，佛學中心在二位堪布的帶領下，以多元的方式來傳遞佛陀的教法，期盼由此可以讓諸佛菩薩無盡的慈悲與智慧深植人心，帶領一切有情眾生脫離輪迴苦海。

　　台灣雪謙佛學中心是所有對　頂果欽哲法王及　雪謙冉江仁波切有信心的法友們的家，對於初次接觸藏傳佛教的信眾，不論任何教派，也非常樂意提供諮詢建議，期許所有入門者皆可建立起正知見及正確的修行次第。二位常駐堪布規劃一系列佛法教育及實修課程，由此進一步開展雪謙傳承教法予台灣的信眾們，讓所有人都有機會親近及學習頂果法王的教法。

　　目前台北及高雄固定的共修活動有：前行法教授、文殊修法、綠度母共修、蓮師薈供、空行母薈供、………，也不定期舉辦煙供、火供、除障、超度…等法會。

　　我們竭誠歡迎佛弟子們隨時回來禮佛並參與共修及各項活動。

護持佛事，成就自他

尼泊爾及不丹雪謙寺均由尊貴的頂果法王所創辦，印度雪謙寺則由尊貴的冉江仁波切繼承法王遺願所完成，目前約有五百多名前來各地雪謙寺接受佛學院、

閉關中心、唐卡藝術等完整佛學教育的僧尼。我們需要您的協助來支持所有僧尼們在食、衣、住、醫療等方面的開銷，使他們得以順利繼承豐富的傳統文化及殊勝的法脈傳承。

每年各雪謙寺都有新舊設施之成立與修建工程、年度各法會活動與盛典持續在進行，這些活動均需要您的力量才能圓滿完成！

若您願意隨喜發心護持以下佛事，我們衷心感謝！

一、**護持寺院建設：每年需約 NT 50,00000**

　　（1）印度斯拉瓦斯帝（舍衛國）將興建容納約五百人之佛學院

　　（2）印度八大佛塔的興建與維護

　　（3）不丹阿尼寺閉關房的重建

　　（4）雪謙醫療診所的營運

二、**護持寺院活動：每年需約 NT 30,00000**

　　（1）僧尼教育基金

　　（2）印度、尼泊爾、不丹聖地點燈

　　（3）結夏安居齋僧

　　（4）年度竹千法會

您可循下列方式捐助善款，並與我們聯繫！

郵局劃撥帳號：42229736

帳戶名稱：高雄市顯密寧瑪巴雪謙佛學會

ATM 轉帳：兆豐銀行 017（三民分行）

銀行帳號：040-09-02002-1

帳戶名稱：高雄市顯密寧瑪巴雪謙佛學會

地　　址：高雄市三民區建國三路 6 號 9F

聯 絡 人：0919-613802（張師兄）

電　　話：（07）2850040

傳　　真：（07）2850041

E - m a i l：shechen.ks@msa.hinet.net

網　　站：http://www.shechen.org.tw

您的善心終將涓滴成河，使雪謙傳承得以成就更多佛事，圓滿更多利他事業！

頂果法王心意伏藏

實修入門講座報名表

　　從最初的轉心四思惟到上師瑜珈，到三根本大圓滿法密乘法門是循序漸進的學習與實修，臺灣雪謙中心將配合仁波切的法教傳承預計展開一系列由淺入深、由外到密的佛學課程（入門基礎、外內密法門…等），目前中心將由堪布開始"實修入門"的教授，我們竭誠歡迎您的全心投入！若您對此課程有興趣，請填妥資料傳真 07-3132830 或 E-mail：shechen.ks@msa.hinet.net 給我們！

姓名：　　　　　　　　　　　　　　已皈依：□是　　□否

電話：　　　　　　　　　　　　　　性　別：□男　　□女

住址：

講座地點：高雄－高雄市三民區建國三路 6 號 9F（高雄中心）
　　　　　台北－台北市中山區龍江路 352 號 4 樓（台北中心）

開課日期：高雄每月第一個星期日上午 10：00
　　　　　台北每月第二個星期日上午 10：00

報名傳真：07-2850041
報名 mail：shechen.ks@msa.hinet.net
報名電話：07-2850040　　　0919613802（張師兄）

　　雪謙常駐堪布烏金徹林於本課程授中也是一再慈悲叮嚀前行實修對於入門的修行者是非常重要的，而修持前行之目的，不僅僅能為自身累積福德資糧，更能使行者自心清淨，調伏安忍情緒，堅定正知正念，為成佛證悟之道奠下穩固的基礎。

【頂果欽哲法王文選】 頂果欽哲法王 Dilgo Khyentse Rinpoche 著

修行百頌
項慧齡 譯
定價：400 元

《修行百頌》是十一世紀的偉大學者帕當巴‧桑傑的心靈證言，由頂果欽哲法王加以論釋，意義深奧又簡明易懂。

你可以更慈悲
項慧齡 譯
定價：500 元

本書是法王頂果‧欽哲仁波切針對藏傳佛教最受尊崇的法典「菩薩三十七種修行之道」所做的論釋。

證悟者的心要寶藏
（唵嘛呢唄美吽）
劉婉俐 譯
定價：500 元

在本書中以特別易懂、易修的方式，陳述了完整的學佛之道：從最基礎的發心開始，臻至超越了心智概念所及對究竟真理的直接體悟。

覺醒的勇氣
賴聲川 譯
定價：220 元

本書是頂果欽哲法王針對「修心七要」所做的論著。「修心七要」是西藏佛教所有修持法門的核心。

如意寶
丁乃竺 譯
定價：400 元

依著第十八世紀聖者持明吉美林巴所撰述的上師相應法之修持教義，頂果欽哲法王在本書中，著重於傳授上師相應法的虔誠心修行，也就是與上師的覺醒心合而為一。

成佛之道
楊書婷 譯
定價：250 元

本書是頂果欽哲法王針對蔣揚‧欽哲‧旺波上師所撰的金剛乘前行法之重要修持加以闡述，明示了金剛乘修持的心要。

明月：頂果欽哲法王自傳與訪談錄
劉婉俐 譯
定價：850 元

本書分為兩大部分：第一篇是頂果‧欽哲仁波切親自撰寫的自傳，第二篇為仁波切的主要弟子的訪談記事。是深入了解頂果法王生平、修學過程與偉大佛行事業的重要文獻與第一手資料，值得大家珍藏、典閱與研學。

明示甚深道：
《自生蓮花心髓》
前行釋論
劉婉俐 譯
定價：500 元

本書是頂果欽哲仁波切主要的心意伏藏之一，從前行直到最高階修法的大圓滿，此書為前行的珍貴講解。

【雪謙精選大師系列】

遇見‧巴楚仁波切
巴楚仁波切 著 Patrul Rinpoche 著
定價：200 元

本書以一位年輕人和一位老人之間的對話形式來撰寫。充滿智慧的老者讓年輕人狂野的心平靜下來，並帶領著年輕人進入道德倫常的優美境界之中。

大藥：戰勝視一切為真的處方
雪謙，冉江仁波切
Shechen Rabjam Rinpoche 著
定價：250 元

本書探索菩提心的根基、慈悲的內在運作、空性的見地，以及實際將這些了解應用於修道的方法。

西藏精神—
頂果欽哲法王傳 （精裝版）
馬修‧李卡德 著 賴聲川 編譯
定價：650 元

頂果欽哲法王是一位眾所周知的大成就者，與其接觸者無不為其慈悲和智慧所攝受，隨著法王的心進去了佛心。

【西藏系列】

西藏精神—頂果欽哲法王傳（DVD）
定價：380 元

第一單元由賴聲川 中文口述
第二單元由李察基爾 英文口述

揚希—轉世只是開始（DVD）
定價：500 元

甫一出生，我就繼承欽哲仁波切的法炬；
現在，該是我延續傳燈的時候了。

明月：瞥見頂果‧欽哲仁波切（DVD）
定價：380 元

講述 涅瓊‧秋寧仁波切

祈請：頂果欽哲法王祈請文（CD）
定價：300 元

此為頂果欽哲法王祈請文，
由寧瑪巴雪謙傳承上師— 雪謙冉江仁波切 唱頌

憶念：頂果仁波切（CD）
定價：300 元

在 2010 年 頂果欽哲法王百歲冥誕，雪謙冉江仁波切為憶念法王，所填寫的詞，由阿尼雀韻卓瑪等唱頌，在這虔誠的歌曲聲中，再再融入法王遍在的慈悲和智慧。（內附音譯、中藏文歌詞）

轉世只是開始

前世的悲願

今生的奉獻

圓滿

菩提之心　成就之路

DVD 現正發行中

　　尊貴的　頂果欽哲揚希仁波切本名為鄔金‧天津‧吉美‧倫珠，他是藏傳佛教備受尊崇之偉大上師的轉世。仁波切從四歲開始接受訓練，以承續這個傳承。即使擁有多位上師以及家人的慈愛與扶助，前方之路依舊充滿了挑戰：其中包括攸關其傳承在現代社會所扮演的角色，和他自身的才能等問題，仍會一一浮現、考驗著這位轉世。

　　本片花了十四年的時間走訪了不丹、尼泊爾、印度、法國、美國等地拍攝，完整紀錄揚希仁波切的成長歷程，並由仁波切以自述方式帶領我們進入藏傳佛教平易近人的生活樣貌，揭顯了這位重要轉世者不凡的精神層面。

　　片中收錄了達賴喇嘛、頂果欽哲揚希仁波切、宗薩欽哲仁波切、日噶康楚仁波切、吉美欽哲仁波切、雪謙冉江仁波切、措尼仁波切、馬修李卡德等多位當代著名上師的重量級訪談，精彩罕見、不容錯過。

　　另附精彩花絮：2008 年雪謙寺藏曆新年慶典—雪謙寺金剛舞、2010 年頂果法王百歲冥誕紀念法會、2010 年揚希仁波切首度世界巡訪（包括歐洲之行、亞洲之行）及不丹本塘之旅等。

頂果欽哲法王文選 03

如　意　寶
上師相應法

作　　者　頂果欽哲法王 （Dilgo Khyentse Rinpoche）

總 召 集　賴聲川

顧　　問　堪布烏金・徹林（Khenpo Ugyen Tshering）

譯　　者　丁乃竺

審　　定　蓮師中文翻譯小組

編輯校對　殷慎禧

封面設計　A+ design

發 行 人　張滇恩，葉勇瀅

出　　版　雪謙文化出版社

　　　　　戶　　名：雪謙文化出版社

　　　　　銀行帳號：兆豐國際商業銀行 三民分行（代碼 017）040-090-20458

　　　　　劃撥帳號：42305969

　　　　　http:// www.shechen.org.tw　　e–mail：shechen.ks@msa.hinet.net

　　　　　手　　機：0963-912316　　傳真：02–2917-6058

台灣雪謙佛學中心

高雄中心　高雄三民區建國三路6號9F

　　　　　電話：07-285-0040　　傳真：07-285-0041

台北中心　台北市龍江路352號4樓

　　　　　電話：02-2516-0882　　傳真：02-2516-0892

行銷代理　紅螞蟻圖書有限公司

　　　　　地址：台北市內湖區舊宗路 2 段 121 巷 28 、 32號 4 樓

　　　　　電話：02–2795-3656　　傳真：02–2795-4100

印刷製版　中原造像股份有限公司

初版一刷　2006 年 12 月

二版一刷　2023 年 7 月

I S B N　978-986-90066-5-1（平裝）

定　　價　新臺幣 400元

國家圖書館出版品預行編目資料

如意寶：上師相應法/頂果欽哲法王
(Dilgo Khyentse Rinpoche)作；丁乃竺譯.--二版.--
高雄市:雪謙文化出版社，2023.07
面；公分.--（頂果欽哲法王文選；3）
譯自： The wish-fulfilling jewel : the practice
of guru yoga according tothe Longchen Nyingthig
tradition
ISBN : 978-986-90066-5-1（平裝）

1.CST：藏傳佛教　2.CST：佛教修持

226.965　　　　　　　　　　　　　　　112009382